八卦掌

강용초 저
김태덕 역

머리말

팔괘장법(八卦掌法)은 장법(掌法)과 보법(步法)이 변환하며 돌아 운행함을 위주로 하는 권술투로(拳術套路)이다. 그 기본 장법(掌法)은 단환장(單換掌) 쌍환장(雙換掌) 쌍당장(雙撞掌) 천장(穿掌) 도장(挑掌) 번신장(翻身掌) 요신장(搖身掌) 전신장(轉身掌) 등의 여덟 장(掌)이다. 그 기본 보법(步法)은 기(起) 락(落) 구(扣) 파(擺) 등의 네 종류이다.

팔괘장법은 그 여덟 장(掌) 중의 한 장(掌)을 단독으로 연습하거나, 또한 여덟 장(掌)을 일관되게 연이어서 엇바꾸어 돌아가며 연습한다.

팔괘장의 운동특징은 ① 주(走) ② 시(視) ③ 좌(坐) ④ 번(翻)이다. 이러한 특징은 몸놀림이 재빠르고 원활해지도록 하며, 특히 하반신의 힘을 단련하기 위해 필요한 것이고, 팔괘장의 단련은 우리를 건강하게 할 것이다.

팔괘장법이 언제 생겨난지는 모른다. 《남이외사(藍移外史)》의 〈정변기(靖邊記)〉에 다음과 같은 기록이 있다: 「가경정사(嘉慶丁巳; 1797년) 때 산동(山東) 제녕(濟寧)사람인 왕상(王祥)이 풍극선(馮克善)에게 권술을 가르쳤는데, 극선(克善)이 그 기예를 모두 얻었다. 경오(庚午; 1810년) 봄에 우양신(牛亮臣)이 극선(克善)의 권법 중에 팔방보(八方步)가 있음을 보고서 말하기를; "당신의 걸음걸이가 팔괘(八卦)에 부합되는 듯하다."라고 하니, 극선(克善)이 말하기를; "당신은 어떻게 이것을 아는가?" 양신(亮臣)이 말하기를; "내가 배운 것이 감괘(坎卦)이다." 극선(克善)이 말하기를; "나는 이괘(離卦)를 배웠다." 양신(亮臣)이 말하기를; "당신은 이괘(離卦)를 하고, 나는 감괘(坎卦)를 하니, 우리 두 사람의 리감(離坎)이 서로 궁합이 맞으므로, 각기 그 배운 것을 익히면 되겠다." 이로부터 알 수 있는 바, 팔괘장이 전하여 오늘에 이르기까지 적어도 1백여 년이 되었다.

청(淸) 도광(道光) 중엽 이후 광서(光緖) 6년(1880)에 이르기까지가 팔괘장의 발전이 가장 성했던 시기였고, 북방 일대에서 팔괘장을 배워 익히는 사람이 꽤 많았다. 팔괘장의 선배인 동해천(董海川)선생은 당시에 팔괘장을 전수한 주요인물이고, 그로부터 배운 사람은 정정화(程廷華) 윤복(尹福) 송장영(宋長榮) 장점괴(張占魁) 등이다.

나는 장점괴(張占魁)선생으로부터 여러 해를 배워 대충 그 줄거리를 알았는데, 체육운동이 전에 없이 발전하는 이 때를 맞아, 자신이 배운 팔괘장을 여러분께 공헌하니, 신체단련의 방법으로 삼기 바란다. 이를 위해 집필하여 책을 만들었으나, 팔괘장에 대하여 깊은 연구가 아직 모자라서, 아무리 해도 많은 결점이 있으니, 앞으로 바로잡도록 또한 독자께서 귀중한 의견을 많이 주시기를 바란다.

창현(滄縣) 강용초(姜容樵)

목 차

머리말 ··· 3

팔괘장의 단련방법 ··· 7

팔괘장의 3가지 단련 단계 ··· 17

팔괘장의 3반(三盤) ··· 18

팔괘장의 주요 장법(掌法) ·· 19

팔괘장의 동작해설 ··· 22

역자 후기 ·· 234

팔괘장의 단련방법

목을 바로 세우며 정수리를 들어올리고
엉덩이를 반듯하게 내리며 항문을 수축한다
順項提頂 溜臀收肛

"목을 바로 세우는(順項)"것은 목의 앞뒤가 자연스럽게 똑바로 곧추세우는 것이고, 수련할 때 머리를 쳐들어 젖히지 않으며, 머리를 숙이지도 않고, 또한 좌우로 비뚤어지지 않는다. "정수리를 들어올리는(提頂)"것은 아래턱을 안으로 거두어들이고, 머리가 위로 곧게 "받쳐 지탱한다(頂)". "둔부를 반듯하게 내리는(溜臀)"것은 둔부를 아래로 내려뜨려서 안으로 향하여 수축하는 것인데, 수련할 때 뒤로 향하여 둔부를 치켜들어 내미는 현상이 조금이라도 생기지 않아야 한다. "항문을 수축하는(收肛)"것은 항문의 근육을 수축하여서 제어(制御)하는 것이고, 항문을 이완시키면 안 된다.

어깨는 느슨하며 팔꿈치는 묵직하게 가라앉히고
배는 충실하며 가슴은 활짝 편다
鬆肩沉肘 實腹暢胸

"어깨가 느슨한(鬆肩)"것은 양 어깨를 아래로 이완시켜 가라앉히는 것이고, 수련할 때 어깨를 위로 추켜올리면 안 된다. "팔꿈치를 내려뜨리는(沉肘)"것은 팔꿈치 부위가 아래로 묵직이 늘어뜨려지도록 항상 유지하는 것이고, 수련할 때 반드시 반달모양처럼 구부린다. 배는 「축기(蓄氣 : 기운을 모으다)」하기 좋은 부위이며, "배가 충실한(實

腹)"것은 곧 수련할 때 반드시 호흡을 복부로 깊숙이 들어가는 것이고, 복부가 충실하며 "격동되게(鼓盪 : 북돋우다)" 하니, 즉 소위 「기를 단전으로 가라앉히고(氣沉丹田)」 「안으로는 격동해야 한다(內宜鼓盪)」라는 뜻이다. 흉부가 밖으로 펴서 내미는 자세는 물론 「기를 단전으로 가라앉히는(氣沉丹田 : 혹은 호흡을 단전으로 깊숙이 하는)」데에 영향을 주거니와, 또한 흉부가 안으로 수축하는 자세도 심장을 압축하는 영향을 주기 쉬워서, 혈액의 순조로운 흐름을 방해하니, 그러므로 "가슴을 활짝 펴는(暢胸)" 것은 바로 흉부가 느슨히 벌리는 것을 가리키며, 가슴을 쑥 내밀어도 안 되지만 가슴을 움츠려도 안 된다.

딩굴리고 파고들며 펼치고 휘감으니
기(奇)와 정(正)이 서로 도와 생겨난다
滾鑽爭裹 奇正相生

이것은 수련 시의 경력(勁力)변화를 가리켜 말하는 것이다. "딩굴리는(滾)" 것은 둥근 모양으로 팔을 돌리는 동작이고, "파고드는(鑽)" 것은 회전해야 할 뿐만 아니라 또한 앞으로 향하여 나선형(螺旋形)으로 팔을 돌려야 하는 동작이며, "펼치는(爭)" 것은 밖으로 지탱하여 벌리는 것이고, "감싸는(裹)" 것은 안으로 다잡아 포옹하는 것이다. 이 4종류의 동작은 운동 시에 모두 반드시 근육을 수축시켜서 힘이 생겨나오게 한다. 단지 둥근 모양으로 딩굴려 회전만 하고, 앞으로 향하는 힘이 없다면, 이러한 종류의 경력(勁力 : 힘) 내부에는 밖으로 향하면서 앞으로 향하는 경력(勁力)이 없어서, 역량(力量 : 힘 혹은 힘의 크기)이 최대치를 유지할 수 없으니, 그러므로 수련할 때, "딩굴리는(滾)" 중에 "뚫어 들어감(鑽)"을 반드시 곁들여 있어야만 하고, 둥근 모양으로 뒹굴며 회전하는 동작을 나선형 동작이 되게 한다. "펼치고(爭)" "감싸는(裹)" 것도 이와 같은 뜻인데, 양 팔과 팔꿈치가 껴안는 것은 물론 "감싸는(裹)" 힘을 사용해야 하지만, 그러나 "감싸는(裹)" 힘이 단지 안으로 거두어들이는 경(勁)만 있고, 밖으로 확장하는 경(勁)이 없으면, 이 속에는 안으로 향하면서 또한 밖으로 향하는 경력(勁力)이 생겨나지 않는데, 만약 "감싸는(裹)" 속에 "펼침(爭)"이 곁들여 있으면, 이 속에는 곧 수축과 확장의 대항성(對抗性)이 있고, 곧 경력(勁力)이 생겨난다. 기정(奇正) 두 글자는 두 종류의 다른 성질의 사물이 혼합되는 것을 대표하고,「기(奇 : 奇襲)와 정(正 : 正攻)이 서로 호응하여 생겨난다(奇正相生)」. 팔괘장의 모든 경력(勁力)은 "딩굴리고(滾)" "파고들며(鑽)" 펼치고(爭)" "감싸는(裹)" 4힘이 서로 대항함에 기인하고, 기(奇)와 정(正)이 서로 충돌하여 생겨나는 중에 발휘되어 나오는 것이다.

용처럼 신령하고 원숭이처럼 민첩하며
호랑이처럼 웅크리고 매처럼 뒤집는다
龍形猴相 虎坐鷹翻

이것은 수련 시의 신형(身形) 신법(身法) 보법(步法)의 변화를 가리켜 말하는 것이다. 팔괘장의 운동특징의 첫째는 바로 주(走)인데, 이와 같이 끊임없이 도도히 흐르는 원형보(圓形步)는, 반드시「형상은 승천하는 용과 같이(形如游龍)」되도록 하여서, 유연(悠然 : 침착하고 여유가 있는)한 중에 온중(穩重 : 안정되고 묵직한)함을 품어 있다; 팔괘장의 운동특징의 둘째는 시(視)인데, 팔괘장은 돌아 움직일 때나 혹은 몸을 돌리며 장(掌)을 바꿀 때, 양 눈은 언제나 반드시 양 장(掌)을 주시(注視)하여서, 소위「손과 눈이 서로 뒤따르는데(手眼相隨)」, 눈은 마음의 "실마리(苗 : 새싹)"이며, 시(視 : 시선)는 운동의 내재적인 정신을 뚜렷하게 나타내 보일 수 있고, 이러한 정신은 반드시 원숭이가 무엇을 지키듯이 그렇게 기민(機敏)하고 약빠른 중에 경계하는 뜻을 품어 있도록 하며, 또한 눈이 주시함으로써 그것을 표현해 낸다; 팔괘장의 운동특징의 셋째는 좌(坐)인데, 돌아 움직일 때에, 동작하는 양 다리는 결코 곧게 펴지 않고,「살을 자리 잡아 앉히며(坐胯)」, 몸을 돌리며 장(掌)을 바꿀 때의 잠시 멈칫하는 순간에 또한「참장 수련하는(坐椿)」동작이 있고, 이러한 웅크려 앉는 동작과 퇴법(腿法 : 다리의 운용방법)은, 반드시 마치「호랑이가 웅크리는(虎踞)」형상이 되도록 하여서, 묵직하게 가라앉아 힘이 있다; 팔괘장의 운동특징의 넷째는 번(翻)인데, 바로 몸을 돌리는 동작이고, 몸을 돌릴 때에 반드시 새매가 공중에서 선회하다가 몸을 뒤집으며 떨어져 내리는 그런 재빠르고 시원스러운 기세를 취한다.

비틀며 돌리고 이동하며 돌리고
발을 디뎌 박차고 정강이를 스친다
擰旋走轉 蹬脚摩脛

"비틀며 돌리고 이동하며 돌리는(擰旋走轉)"것은 바로 이동하며 전환할 때 반드시 허리를 비틀어야 하고, 팔꿈치와 팔을 비틀어야 하고, 수장(手掌)을 비틀어야 하고, 목을 비틀어야 하는 것을 말하며, 머리 손 팔꿈치 몸을 원심(圓心)의 한 면(面)으로 향해지도록 비틀고, 비틀어서 한줄기의 "회전하는 경(旋勁)"을 이룬다; "발을 디뎌 박차고 정강이를 마찰하는(蹬脚摩脛)"것은, 이동하며 돌릴 때 앞에 운행하는 발은 반드시 가벼이 성큼 나아가고, 뒤에 운행하는 발은 반드시 굳세게 디뎌 밟는다; 앞으로 향해 보(步)를 나아가는 동작은 반드시 앞쪽 발의 정강이뼈 안쪽 곁에 바짝 접근하여 "닿아 스치며(摩擦)" 지나가고, 발을 너무 높거나 혹은 너무 넓게 들어올리지 않는다.

다리를 굽히고 진창을 건너는 듯하며
족심은 비워둔다
曲腿蹚泥 足心涵空

 다리를 구부리는 것은 곧 이동하며 전환할 때에 양 다리가 적당하게 구부려서 신체를 아래로 앉혀 힘이 양 다리에 집중되게 하는 것이다; "진흙탕을 건너는(蹚泥)" 것은 양 발이 앞으로 나아가되 너무 높지 않아야 하고, 마치 진창을 건너는 모습과 같은 것이다; 족심을 비워두는 것은 발바닥과 발꿈치가 동시에 수평으로 지면에 내리고, 다섯 발가락이 땅을 움켜잡는 것이며, 이렇게 하면 각심(脚心)이 곧 비워진다.

발은 평평하게 올리고 꺾어 다잡아 내리며
끊임없이 이어져 종횡무진하다
起平落扣 連環縱橫

 "평평하게 올리는(起平)" 것은 발을 들어올릴 때「족심(足心)을 비우는」 것과 같이 그렇게 평평하다; "꺾어 돌려 다잡아 내리는(落扣)" 것은 보(步)를 내릴 때 평평하게 내려야 할 뿐만 아니라, 또한 발이 안으로 꺾어 돌려지도록 하는 것을 말한다; "연잇는(連環)" 것은 끊어지지 않는다는 뜻이며, 의식(意識)이 끊어지지 않고, 경력(勁力)이 끊어지지 않고, 동작(動作)이 끊어지지 않으며, 연이어 도는 중으로부터 종횡무진함이 생겨 나와서, 상하좌우사면팔방이 한 기세로 연이어진다.

허리는 축(軸)처럼 세우고
손은 바퀴처럼 운행한다
腰如軸立 手似輪行

　팔괘장은 수련할 때 반드시 허리부위로써 운동의 축심(軸心)을 구성하고, 손의 움직임은 반드시 먼저 몸이 움직이며, 몸의 움직임은 반드시 먼저 허리가 움직이니, 허리로 하여금 모두 이끌어 동작하게 한다; 팔괘장은 장(掌)을 바꿀 때 반드시 손과 팔의 동작이 차바퀴처럼 그렇게 동그라미를 이루게 하는데, 왜냐하면 둥근 형태로 움직여 돌면 비교적 민감하여 반응이 빠르고, 또한 연이어서 끊어지지 않는 작용을 포함해 있기 때문이다.

손가락은 벌리고 손바닥은 오목하며
팔뚝을 흔들고 어깨를 평평하게 한다
指分掌凹 擺肱平肩

　손가락을 벌리는 것은 다섯 손가락을 분리하여서, 합쳐 모으지 않는 것이며, 장(掌)이 오목한 것은 장심(掌心)이 안으로 향하게 하여 비워두며 오목하게 모으는 것이다; 팔뚝을 흔드는 것은 돌아 움직일 때 양 팔이 반드시 있는 힘을 다해 원심(圓心)의 한 면으로 향해 흔드는 것이며, 앞으로 향해 밀치는 동작이 있어서는 안 된다; 어깨를 평평하게 하는 것은 돌아 움직일 때나 혹은 몸을 돌리고 장(掌)을 바꿀 때 모두 반드시 양 어깨가 똑바르고 수평으로 편안함을 유지하는 것이며, 오르락내리락하는 현상이 있어서는 안 된다.

장(椿)은 산과 같이 견고하고
보(步)는 물 속에서 걷는 것과 같다
椿如山岳 步似水中

장(椿 : 站椿)은 정지성(靜止性)의 동작을 가리키고, 팔괘장의 장보(椿步)는 반드시 산처럼 그렇게 안정되고 견고하도록 하며, 마치 어떠한 강대한 힘이라도 그것을 밀쳐 움직이지 못하는 듯한 것이다; 보(步)는 활동성(活動性)의 동작을 가리키고, 팔괘장의 창니보(蹚泥步 : 혹은 당니보)는 반드시 묵직하여 온건한 중에 마치 흐르는 물처럼 그렇게 경쾌(輕快)함을 품어있도록 하며, 이와 같으면 팔괘장의 보법(步法)이 곧 둔하고 무겁지 않고, 또한 들뜨서 흩날리지 않는다.

화(火)는 올라가고 수(水)는 내려가며
수(水)는 무겁고 화(火)는 가볍다
火上水下 水重火輕

심(心 : 심장)은 위에 있고 화(火)에 속하며, 신(腎 : 콩팥)은 아래에 있고 수(水)에 속하니, 소위 「심화신수(心火腎水)」이며, 또한 바로 앞에서 말한 「배를 충실히 하고 가슴은 활짝 편다(實腹暢胸)」라는 심(心)은 허(虛)해야 하고, 복(腹 : 배)은 실(實)해야 한다는 뜻이다.

의(意)는 나부끼는 깃발과 같고
또한 켜진 등불과 같다
意如飄旗 又似點燈

옛날에 병사를 훈련시킬 때, 모든 진형(陣形)의 변화와 전진하거나 후퇴하는 모두는 반드시 펄럭이는 깃발과 야간에 사용하는 등불로써 인도하였는데, 팔괘장의 운동 시에도 반드시 의식(意識)으로써 동작을 인도하며, 함부로 부주의하게 운동해서는 안 된다.

배는 기(氣)의 근원이고
기(氣)는 구름이 유유히 흐르는 듯하다
腹乃氣根 氣似雲行

배는 기(氣)를 축적하기 좋은 부위이고, 수련할 때 반드시 호흡하는 기(氣)를 복부(腹部)에 깊이 들이는데, 그러나 이와 같은 심호흡의 운동이 맹렬하게 한숨에 기(氣)를 배안으로 흡입하는가, 아니면 천천히 흡입하는가?「기(氣)는 구름이 유유히 흐르는 듯하다」라는 말은 팔괘장의 심호흡운동은 반드시 공중에 흐르는 구름처럼 그렇게 천천히 운행함을 설명하며, 맹렬하게 들이마시지 않고, 또한 맹렬하게 내쉬지 않는다.

의식으로써 동작하면 지혜가 생겨나고
기(氣)는 온몸에 운행한다
意動生慧 氣行百孔

의식으로써 동작하면 지혜가 생겨난다는 것은, 팔괘장의 동작이 만약 앞에서 말한「의(意)는 나부끼는 깃발과 같고, 또한 켜진 등불과 같다」처럼 그렇게 의식이 있는 운동이라면, 곧 운동 중에 날쌔고 재치 있으며 민감한 소질을 배양해낼 수 있음을 말하는 것이다. 기(氣)가 온몸에 두루 운행한다는 것은, 만약 팔괘장의 심호흡이 앞에서 말한「기(氣)는 구름이 유유히 흐르는 듯하다」라는 대로 그렇다면, 흡입하는

산소를 곧 각각의 필요로 하는 곳으로 운송해 갈 수 있음을 말하는 것이다.

활짝 펴고 바짝 거두어들이며
움직이고 정지하며 원활하게 지탱한다
展放收緊 動靜圓撑

활짝 펴고 바짝 거두어들이는 것은, 동작하는 자세의 벌리고 합함을 가리켜 말하는 것이고, 벌리는 자세는 멀리 활짝 펴야 하고, 합하는 자세는 안으로 거두어들이며 밖으로 바짝 죄어야 한다; 움직이고 정지하며 원활하게 지탱하는 것은, 동(動) 중에 반드시 정(靜)을 추구하고 정(靜) 중에 또한 반드시 동(動)이 있음을 가리키는 것이다; 동(動)이 최고조에 달한 지점이 바로 정(靜)의 발원지이고, 정(靜)이 최고조에 달한 지점이 바로 동(動)의 발단이며, 이 동(動)과 정(靜)은 반드시 서로 순환하며 운행하고, 또한 서로 함축(含蓄)한다.

신(神) 기(氣) 의(意) 력(力)은 합하여 일체가 되어 집중한다
神氣意力 合一集中

앞에서 말한 정신(精神) 기식(氣息) 의식(意識) 역량(力量) 등 각 방면의 단련방법은, 결코 고립된 것이 아니고, 합하여 일체가 되어 집중하는 것인데, 집중되지 않으면 동작이 완정하게 한 기세가 될 수 없고, 손발이 합하여 일체가 되지 않으면 행동이 일치할 수 없다. 소위「합하여 일체가 되는(合一)」것은, 바로 손과 발이 합하고, 어깨와 과(胯 : 허리와 다리 사이의 연결부위 즉 샅)가 합하고, 팔꿈치와 무릎이 합하고, 신(神)과 의(意)가 합하고, 기(氣)와 력(力)이 합하고, 내(內)와 외

(外)가 합하는 것이다; 소위「집중하는(集中)」것은, 바로 이 6합(六合)이 반드시 통일되고 조화되어 협조하여서 완정(完整)함을 얻는 것이다.

팔괘장의 진리는 모두 이 중에 있다
八掌眞理 俱在此中

이것은 만약 앞에서 말한 팔괘장의 단련방법을 완전히 이해하여 운용하면, 비로소 팔괘장의 진정한 기술을 얻었다고 간주함을 말하며, 그렇지 않으면 그것은 아직도 단지 빈 껍질만 습득했다고 여길 뿐이다.

팔괘장의 3가지 단련 단계

　팔괘장의 단련은 3개의 단계로 나누는데, 바로 정가자(定架子 : 架子는 자세 혹은 초식) 활가자(活架子) 변가자(變架子)이다.
　제1단계는 반드시 먼저 정가자(定架子)를 수련하는데, 이것은 팔괘장의 기초를 닦는 단계이다. 정가자(定架子)는 바로 한 걸음마다 다그쳐 가며 천천히 규칙에 맞게 팔괘장의 동작에 따라서 연습한다. 빨라서는 안 된다.
　제2단계는 활가자(活架子)이다. 활가자(活架子)는 보법(步法)이 멈추지 않는 연습이다. 초식을 바꿀 때 보법(步法)을 멈추지 말고, 응당 신속히 앞으로 향하여 성큼 나아가며, 매 권식 모두 이처럼 보(步)를 바꾸면, 곧 완전하게 변하여 "활발한(活 : 민첩한)" 보법(步法)이 된다. 팔괘장의 활가자(活架子)는, 움직이면 용(龍)이 승천하고 봉황이 나는 듯이 굽이치며 늠름하고, 바람처럼 경쾌하게 출렁이니, 대단히 아름다워 보기 좋다.
　제3단계는 변가자(變架子)이다. 변가자(變架子)는 마음대로 변화하며, 때로는 제1장을 맨 마지막에 수련하고, 때로는 제8장을 제1장으로 삼아 수련하고, 때로는 제4장을 제2장으로 삼아 수련하며, 이렇게 마음대로 엇바꾸어 연습하면, 곧 끊임없이 변화할 수 있어 무궁무진하여서, 수련하면 할수록 다양해진다.

팔괘장의 3반(三盤)

 팔괘장은 상반(上盤) 중반(中盤) 그리고 하반(下盤)의 세 종류 연법(練法)으로 나누며, 일반적으로 3반연법(三盤練法)이라고 부른다.
 상반연법(上盤練法)은 신체를 똑바로 서고, 보법(步法)을 움직이기 시작하면 곧 보통 사람이 길을 걷는 것과 같으며, 아래로 향하여 과(胯)를 앉히지 않는다.
 중반연법(中盤練法)은 양 다리가 무릎을 굽혀 조금 웅크려 앉고, 상반신과 허리부위의 중점(重點)은 양 다리 상에 내리고, 보법(步法)을 움직이기 시작하면 곧 진흙탕을 밟거나 물 위를 밟는 것과 같다. 상반(上盤)과 중반(中盤)의 연법(練法)은 빠른 보(步)로 걸어야 가장 적합하다.
 하반연법(下盤練法)은 팔괘장의 가장 곤란한 연법이며, 그것은 반드시 다리가 있는 힘을 다하여 굽혀서, 발꿈치와 둔부 그리고 무릎이 하나의 삼각형을 이루어야 한다. 전신의 중점(重點)이 양 다리 상에 내리고, 보(步)를 움직임은 느릴수록 좋다.
 3반(三盤)의 연법(練法)은 중반연법(中盤練法)이 가장 적합하다. 현재 일반적으로 팔괘장을 연습하는 사람들 모두 중반(中盤)을 연습하며, 다만 단독으로 가자(架子 : 자세나 초식)를 연습할 때만 하반공부(下盤工夫)를 수련한다.

팔괘장의 주요 장법(掌法)

 팔괘장의 주요 장법(掌法)은, 앙장(仰掌) 부장(俯掌) 수장(豎掌) 포장(抱掌) 벽장(劈掌) 요장(撩掌) 도장(挑掌) 나선장(螺旋掌) 등의 8종류로 나눈다.

1. 앙장(仰掌)

 장심(掌心)이 위로 향하고, 다섯 손가락이 벌어지며, 장심(掌心)이 오목하며 비운다. (그림 A)

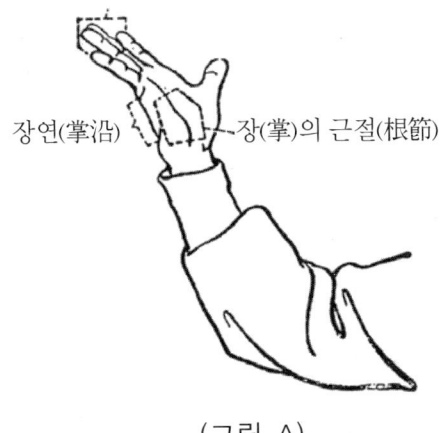

(그림 A)

2. 부장(俯掌)

 장심(掌心)이 아래로 향하고, 다섯 손가락이 벌어진다. (그림 B)

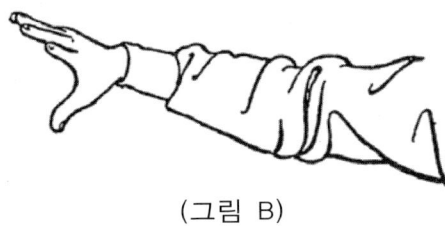

(그림 B)

3. 수장(豎掌)

식지 중지 무명지 새끼손가락은 위로 향하여 벌려서 곧추세우고, 엄지는 비스듬히 위로 향하며 식지와 八(팔)자형이 되고, 장심(掌心)이 밖으로 향하며, 손목은 위로 굽힌다. 또한 장심(掌心)이 안으로 향하거나 혹은 좌우로 향하는 것도 수장(豎掌)이라 부른다. 좌우 손이 똑같다. (그림 C)

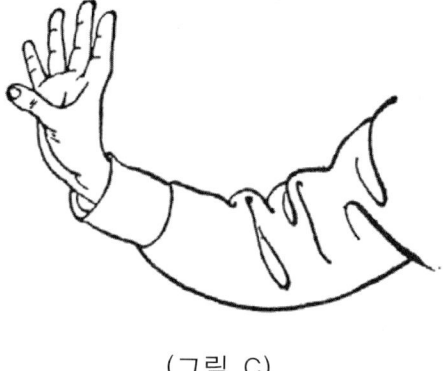

(그림 C)

4. 포장(抱掌)

다섯 손가락이 벌어지고, 엄지 외측(外側)이 위로 향하며, 장심(掌心)이 안으로 향하고, 팔꿈치를 굽혀 몸 앞으로 향하여 에워싸는 방식이다. (그림 D)

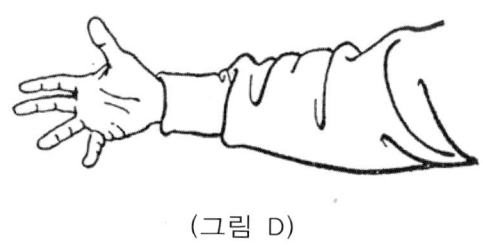

(그림 D)

5. 벽장(劈掌)

다섯 손가락이 벌어지고, 엄지 외측(外側)이 위로 향하며, 새끼 손가락 외측(外側)이 아래로 향하고, 손가락은 앞으로 향하며, 위로부터 아래로 향해 곧바로 "후려 찍는다(劈)". (그림 E)

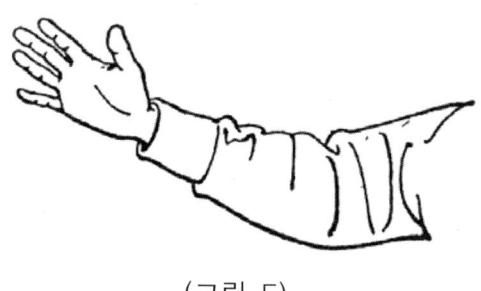

(그림 E)

6. 요장(撩掌)

다섯 손가락이 벌어지고, 엄지 외측(外側)이 위로 향하며, 장심(掌心)이 안으로 향하고, 아래로부터 앞으로 향하여 "걸어 올려(撩)" 나간다. (그림 F)

(그림 F)

7. 도장(挑掌)

다섯 손가락이 벌어지고, 아래로부터 앞으로 향하며 위로 향해 "쳐들어(挑)" 나가서, 손가락이 위로 향한다. (그림 G)

(그림 G)

8. 나선장(螺旋掌)

다섯 손가락이 벌어지고, 앞으로 향하며 위로 향해 팔을 밖으로 돌리면서 위로 "들어올려서(擧)", 새끼손가락 외측(外側)이 얼굴부위로 향하여 마주하고, 장심(掌心)이 밖으로 향하며, 손가락이 위로 향한다. (그림 H)

(그림 H)

팔괘장의 동작해설

제1장(掌)

1. 예비식
預備式

동그라미의 북단(北端)을 따라서 보(步)를 벌려 서고, 얼굴은 서(西)쪽 방향으로 향한다. 양 팔은 양 다리 옆에 자연스럽게 아래로 내려뜨리고, 양 손의 새끼손가락 외측을 양 다리에 닿아 붙이고, 수심(手心)이 앞으로 향한다. 양 눈은 수평으로 바라본다. (그림 1)[1]

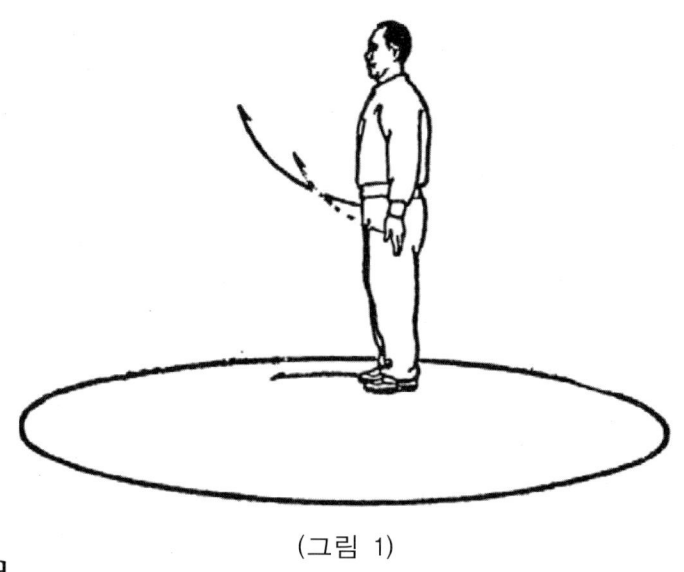

(그림 1)

요점

머리는 위로 "받쳐 올리고(頂)", 목은 곧추 세우며, 온몸은 "느슨히

---

[1] 註 : 그림 중에 표시된 동작흐름의 화살표는, 왼손과 왼발은 점선을 사용하였고, 오른손과 오른발은 실선을 사용하였다.

(放鬆)" 한다. 양 발이 보(步)를 벌리는 중간거리는 양 어깨와 같은 너비이다.

2. 말에 기대어 길을 내다
倚馬問路

오른발이 앞으로 향하여 1보를 성큼 나아가고, 발끝을 안으로 "꺾어 다잡는다(扣)". 동시에 양 손은 아래로부터 앞으로 향하며 위로 향하여 비스듬히 내뻗어 나가서, 수심(手心)이 위로 향해 앙장(仰掌)이 되어, 오른손이 앞에 있고, 왼손이 뒤에 있다. 양 팔꿈치는 굽혀서 반원형(半圓形)이 된다. 눈은 똑바로 앞쪽 우장(右掌)을 바라본다. (그림 2)

(그림 2)

요점

어깨를 "느슨히 하고(鬆)", 허리를 느슨히 하고, 과(胯)를 느슨히 하며, 양 다리는 힘이 평형(平衡)되게 한다. 우장(右掌)은 높이가 눈썹을 초과하지 않고, 좌장(左掌)은 오른팔 팔꿈치 안쪽 측면에서 약 7·8촌(寸: 20여cm) 떨어져 사이를 둔다.

3. 잎 밑에 꽃을 감추다 (右)
葉底藏花 (右)

왼발이 오른발 앞쪽 방향으로 향하여 1보를 성큼 나아가고, 발끝을 안으로 "꺾어 다잡는다(扣 : 꺾어 돌린다)". 양 다리는 조금 굽힌다. 상체는 우(右)로 돌려 북(北)쪽 방향으로 향한다. 우장(右掌)은 동시에 팔을 안으로 돌려서 새끼손가락 외측이 위로 향하고, 엄지 외측이 아

(그림 3 正)

(그림 3 背)

래로 향하며, 팔꿈치를 굽혀 가슴 앞에 에워싼다. 좌장(左掌)은 이에 따라 오른쪽 겨드랑이 아래로 향하여 평평하게 "꿰뚫어서(穿)", 장심(掌心)이 위로 향하고, 팔꿈치를 굽혀 에워싼다. (그림 3 正) (그림 3 背)

요점
머리는 우(右)로 돌리고, 눈은 오른팔 팔꿈치를 바라본다.

4. 기러기가 무리 중에 뛰어나다 (左)
鴻雁出群 (左)

1. 양 발이 원래 위치에서 움직이지 않고, 상체는 좌(左)로 돌린다. 좌장(左掌)은 오른팔 팔꿈치 아래로부터 신체의 좌(左) 위 방향(동그라미의 西南 방향)으로 향하여 옮기며 위로 들어 올려서, 머리와 같은 높이에 도달한다. 우장(右掌)은 동시에 팔을 밖으로 돌리며, 좌장(左掌)을 따라서 돌아 움직여서, 왼팔 팔꿈치 안쪽 옆에 위치하고, 양 장(掌)은 앙장(仰掌)이 된다. 눈은 좌장(左掌)을 바라본다. (그림 4)

(그림 4)

2. 앞의 동작이 멈추지 않고, 좌장(左掌)은 팔을 안으로 돌리며, 신체의 좌(左) 방향으로 향하여 돌아 움직여서, 수장(豎掌)이 된다. 우장(右掌)은 따라서 팔을 안으로 돌리며, 팔꿈치를 굽혀 왼쪽 옆구리 옆으로 향하여 아래로 "누르고(按)", 장심(掌心)이 아래로 향한다. 상체는 계속하여 좌(左)로 향하여 돌아 움직인다. 머리는 좌장(左掌)을 따라서 좌(左) 방향으로 향하여 비틀어 돌려서, 눈은 좌장(左掌)을 바라본다. (그림 5)

(그림 5)

3. 왼발 발끝을 밖으로 벌리고, 오른발이 보(步)를 나가며, 북(北)으로부터 시작하여 서(西)로 향하고 남(南)으로 향하고 동(東)으로 향하고 북(北)으로 향하여 동그라미를 따라서 한바퀴 걸어서, 북(北)쪽 방향의 원래 기점에 도착하여 (그림 5)와 같을 때에, 다시 다음 권식으로 바꾸어 연결한다.

요점

왼쪽 어깨와 왼팔 팔꿈치는 힘을 다하여 신체의 좌(左) 방향으로 향하여 밖으로 벌리고, 좌장(左掌)은 높이가 눈썹과 같고, 우장(右掌)은 아래로 향하며 앞으로 향해 "밀쳐 누르고(推按)", 허리는 좌(左)로 비틀고, 동그라미를 걷는 속도는 균일해야 한다.[2]

---

2) 역자註: 권(圈)을 도는 보법(步法)은 당니보(蹚泥步)로 걷는데, 당니보(蹚泥步)에 대해서는, 흙탕물 중에 걷는 것과 같이 저항력을 받으며 마치 쟁기로 밭을 가는 듯이 나아간다거나, 혹은 흙탕물 중에 걸어갈 때 깊이를 모르므로 탐색하며 보행하여 땅을 더듬어 전진한다거나, 혹은 걸을 때 흙탕물이 발뒤꿈치 위로 튀어오르지 않도록 발바닥을 수평으로 하여 걷는 것을 말하기도 한다. 당니보(蹚泥步)는 발끝을 들어올리지 않고, 발꿈치도 들어올리지 않고, 발바닥을 평평하게 들어올려 지면에서 1치 가량 떨어져서 가며, 평평하게 땅에 내린다. 원형의 노선을 따라서 권(圈) 안쪽의 발은 곧바르게 나가서 발바닥 전부가 노선 위를 밟고, 바깥쪽의 발은 발끝을 안으로 조금 꺾어서 노선에 내리며 발꿈치는 노선 밖을 밟는다.(그림참조) 허리를

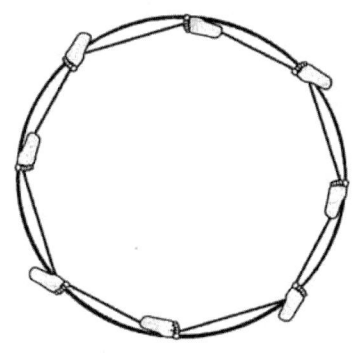

비틀어 돌린 상태에서 권(圈) 안쪽의 발이 곧바르게 나가는 동작은 하기가 어려우나, 만약 안쪽의 발이 곧바르게 나가지 않으면 허리를 비틀어 돌린 각도를 유지할 수 없고, 팔괘장의 진정한 공부를 수련해낼 수 없다. 발을 내릴 때 발가락은 땅을 움켜잡고, 양 발이 땅에 심어져 뿌리가 내리는 듯한데, 발가락이 땅을 움켜잡는 것은 보행이 안정되게 하며 또한 발 전체의 힘줄을 훈련시킨

다. 앞으로 나간 발을 땅에 내릴 때 동시에 뒤쪽 발을 박차 나가며, 이때 항문을 끌어올리고 둔부를 내리며, 뒤쪽 발이 박차내는 힘과 단전이 격동시키는 기세의 재촉에 의해서 운행하고, 계속하여 다시 앞으로 향해 힘을 다해 뻗어 나아간다.

권(圈)을 돌아 걸을 때 호흡을 배합하는데, 1보에 내쉬고 1보에 들이마시거나, 혹은 권(圈)을 도는 일반적인 속도는 한번 내쉬며 3보를 나가고, 한번 들이마시며 3보를 나가는데, 동작이 정확하게 숙련된 후는 적당히 빨라지나, 그러나 권(圈)을 돌아 뛰는 것은 극력 삼간다. 뒤쪽 발이 앞쪽 발을 지나갈 때, 양 무릎이 서로 가까이 접촉하듯이 지나치는데, 이것을 전자고(剪子股: 넓적다리가 가위처럼 맞물어 다잡는다)라 부른다. 양 무릎은 서로 접

근하며 약간 끼워 집는 듯한 뜻을 지니고, 끊임없이 나아가는 중에 양 무릎이 잇따라 접근하여 지나며, 걸음걸이는 높았다 낮았다 해서는 안 되고, 계속하여 원형의 노선을 따라 걷다가 팔이 저려 마비되는 듯 할 때가 되면 장(掌)을 바꾼다.

퍼진 팔은 마치 활을 잡고 지탱하는 형식이고, 굽힌 팔은 활시위를 당기고 있는 자태와 같다. 앞으로 장(掌)을 밀어낼 때 손목을 앉히며, 장근(掌根)은 조금 힘을 들인다. 어깨로써 팔꿈치를 재촉하고, 팔꿈치로써 손목을 재촉하고, 손목으로써 손바닥을 재촉하여서, 한 기세로 관통하여 운행한다. 양 발도 또한 이와 같아서, 앞쪽 발은 활줌통을 밟고, 뒤쪽 발은 활시위를 당기는 것과 같다. 수련 시에 의념(意念)을 단전에 두거나 또한 의념을 발아래에 주입한다.

권(圈)을 돌 때 양 무릎은 서로 포옹하는 듯하며 서로 다가가서 양 무릎의 안쪽이 서로 스치듯이 가고, 또한 약간 끼워 집는 듯 하며, 매 1보를 나갈 때마다 무릎은 견고하게 안정되어야 하고, 무릎이 흔들리지 않아야 하며, 몸이 상하(上下)로 오르내리거나 좌우(左右)로 흔들리지 않아야 한다. 전하는 말에 의하면, 팔괘장을 수련할 때 물을 담은 사발을 머리에 얹고서 떨어지지 않도록 권(圈)을 돌아 걸었다고 하는데, 신법(身法)의 완정함과 보법(步法)이 안정되어 견고함을 비유하는 것이겠다. 양 다리의 대퇴와 소퇴는 포옹하여 감싸는 듯이 힘을 들여서 마치 가위와 같고, 양 다리의 대퇴 내측(內側)의 근(筋)을 수련하여 이루어내서, 양 다리 내측의 근(筋)이 힘을 합한 형태를 이루어야 한다.

전해져 내려온 수련 방법의 예를 들면, ①:동그라미를 돌 때 앞쪽 발은 배로 삼고 뒤쪽 발은 삿대로 삼아서, 뒤쪽 발이 삿대처럼 땅에 지탱하여서 배로 삼은 앞쪽 발을 밀어 나간다. ②:삼밧줄을 땅에 놓아두었다고 상상하여서, 양 발이 번갈아 앞으로 나아갈 때, 삼밧줄을 문지르면서 걸어가는데, 발이 땅에서 너무 높으면 문지르지 못할 것이고, 발이 지면에 너무 접촉하면 문질러 움직이지 못할 것이므로, 허실(虛實)이 적당해야 한다. ③:얇은 살얼음판을 디딜 때, 체중 전부를 뒤쪽 발에 내리고, 앞쪽 발을 내밀어 탐색하는 듯이 하여 중심(重心)을 이동하며, 양 발 모두 경계심을 갖추어서, 앞쪽 발은 허(虛) 중에 실(實)이 있고, 뒤쪽 발은 실(實) 중에 허(虛)가 있다. ④:

앞에 뱀이 있어 양 발로 머리와 꼬리를 밟아 제압하는데, 그 동작은 용감하고 날렵하며 민첩하고 안정되며 정확하고 단호하며, 양 발이 끊임없이 뱀의 머리와 꼬리를 짓밟는다. ⑤:발 앞에 문지방이 가로놓여 있다고 상상하여서, 발이 앞으로 성큼 나아가는 것이 아니라 문지방을 차서 부러뜨리며 간다. ⑥:앞의 공법을 수련한 이후에, 양 손과 양 발에 무거운 물체를 지고서 운행하는데, 예를 들어 모래주머니 혹은 무쇠로 만든 팔찌 등을 차고서 수련하며, 반드시 먼저 가벼이 하다가 차츰 무겁게 한다. 실제로 무거운 물체를 지니지 않더라도 단지 의념(意念) 상으로도 수련할 수 있다.

권(圈)을 돌아 걸을 때, 매 한 권(圈)은 9보나 10보 혹은 더 많아도 괜찮으나, 권(圈)이 너무 크면 장법(掌法)이 산만해지기 쉽고, 허리를 비틀어 돌리는 각도가 작아져서 수련효과가 미흡하다. 매 한 권(圈)을 6보나 7보 혹은 더 적어도 괜찮기는 하나, 권(圈)이 너무 작으면 장세(掌勢)가 구속되는 감이 있고 경력(勁力)이 잘 통하지 않을 수가 있다. 8이라는 숫자에 얽매일 필요는 없고, 처음 배우는 사람은 큰 권(圈)을 돌아 걸어도 되고, 동작이 파악되고 나면 점차로 권(圈)을 축소하여서, 동작이 익숙해지면 그 수법의 필요에 따라서 혹은 3보에 한 권(圈)을 돌거나 혹은 4보에 한 권(圈)을 돌아서 보법의 벌리거나 꺾어 다잡는 능력을 향상시킨다. 속도는 먼저 느리게 수련하며, 더 이상 느릴 수 없는 정도로 해보고, 차츰 빠르게 한다. 보폭은 크게 하지 않다가 차츰 크게 하고, 몸은 안정되며, 기복(起伏)이 없어야 하고, 보(步)를 내딛는 것은 고양이가 걷는 것과 같다.

권(圈)을 돌아 걷는 것이 보기에는 간단하나, 사실상 그 묘용은 무궁하다. 권술은 보법(步法)훈련이 극히 중요하며, 공력은 보법에서 나오므로 양 다리의 훈련이 가장 중요하다. 팔괘장수련은 권(圈)을 도는 수련으로부터 시작하고, 권(圈)을 도는 수련은 팔괘장의 기본공이다. 팔괘장의 각종 공부는 이로써 기초를 삼아 동작의 변화를 수련하고, 수련자의 공부가 제아무리 깊더라도 이 권(圈)은 매일 걸어야 한다.

팔괘장수련은 높은 단계에 이르러서도 수련방법은 여전히 권(圈)을 돌아 걷는 것이나, 다만 의념(意念) 상으로 다르다. ①:양 발이 없고 양 발목으로써 걷거나, ②:무릎이하는 없고 양 무릎으로써 걷거나, ③:양 다리가 없고 양 과(胯)로써 걷거나, ④:몸체가 없고 양 어깨로 걷거나, ⑤:양 발이 지면을

5. 제비처럼 날쌔게 후려쳐 막다 (右)
紫燕抛翦 (右)

오른발이 왼발 앞(西쪽 방향)으로 향하여 1보를 성큼 나아가고, 양 발은 거꾸로 된 八(팔 : 팔자걸음은 발끝을 밖으로 벌려서 걷고, 거꾸로 된 팔자는 양 발의 발끝을 안으로 꺾어 돌린다)자가 된다. 좌장(左掌)은 동시에 팔을 밖으로 돌리며, 엄지 외측이 위로 향하게 하여서, 오른팔 위를 거쳐 우측(右側)으로 향하여 "밀쳐(推)" 나가고, 장심(掌心)이 밖으로 향한다. 우장(右掌)은 왼팔 아래에 내밀어서, 새끼손가락 외측이 비스듬히 위로 향하며, 양 장(掌)은 상하로 교차한다. 머리는 우(右)로 향하여 돌리고, 눈은 좌장(左掌)을 바라본다. (그림 6)

(그림 6)

떠나고 양 손으로 걷거나, ⑥:신체가 땅을 스쳐 가고 양 팔꿈치로 걷거나, ⑦:거꾸로 서서 가고 머리로써 걷거나, ⑧:자신은 돌아 움직이는 구체(球體) 위에 서 있고 온 주위가 돌아 움직인다. 어느 한 종류의 수련법을 바꾸어서 수련할 때 마다 또 다른 특수한 느낌이 생겨나는데, 비교하며 수련하여서 자신에게 가장 적합한 방법을 찾아내어 항상 많이 수련하면 묘미가 생겨난다.

요점

어깨를 "느슨히 풀고(鬆)", 허리를 "느슨하게 하고(鬆)", 과(胯)를 "느슨하게 하고(鬆)", 양 팔은 가슴 앞에 에워싸며, 그러나 바싹 죄어 껴안지는 않는다.

6. 문을 닫아걸고 달을 받들다 (左)
閉門推月 (左)

왼발이 신체의 좌측(左側)으로 향하여 조금 이동하며, 발끝을 밖으로 벌린다. 상체는 조금 좌(左)로 향하여 돌린다. 좌장(左掌)은 동시에 팔을 안으로 돌리며 엄지 외측이 아래로 향하게 하여서, 우(右)로부터 좌(左)로 향하여 팔꿈치를 굽혀 이끌어 돌아와서, 장심(掌心)이 밖으로 향한다. 우장(右掌)은 동시에 팔을 밖으로 돌리며 손가락이 아래로 향하게 하여서, 좌(左) 아래 방향으로 향하여 "밀쳐(推)" 나가고, 장심(掌心)이 비스듬히 위로 향한다. 눈은 양 장(掌)을 바라본다. (그림 7)

(그림 7)

요점

양 팔은 굽혀서 반원형(半圓形)이 되어야 하고, 바싹 굽히지는 않는다.

7. 잎 밑에 꽃을 감추다 (左)
葉底藏花 (左)

오른발이 왼발의 앞 방향으로 향하여 1보를 성큼 나아가고, 발끝을 안으로 "꺾어 돌린다(扣)". 양 다리는 조금 굽힌다. 상체는 좌(左)로 돌려서 북(北)쪽 방향으로 향한다. 좌장(左掌)은 동시에 조금 좌(左)

(그림 8 正)

(그림 8 背)

로 향하여 이끌고, 우장(右掌)은 동시에 좌(左)로 향하여 팔꿈치를 굽히며 평평하게 "뚫어지나가서(穿)", 장심(掌心)이 위로 향하여 앙장(仰掌)이 된다. (그림 8 正) (그림 8 背)

요점

제1장의 제3동작인 엽저장화(葉底藏花)와 같으나, 다만 방향이 반대이다.

8. 기러기가 무리 중에 뛰어나다 (右)
鴻雁出群 (右)

1. 양 발은 원래 위치에서 변동이 없고, 상체는 우(右)로 돌리며, 우장(右掌)은 왼팔 팔꿈치 아래로부터 신체의 우(右) 위 방향으로 향하여(동그라미의 東南방향) 이동하여 돌며 위로 들어올려서, 머리와 같은 높이에 다다른다. 좌장(左掌)은 동시에 팔을 밖으로 돌리며, 우장(右掌)을 따라서 돌아 움직여서, 오른팔 팔꿈치 안쪽 옆에 위치하고, 양 장(掌)은 앙장(仰掌)이 된다. 눈은 우장(右掌)을 바라본다. (그림 9)

(그림 9)

2. 앞의 동작이 멈추지 않고, 우장(右掌)은 팔을 안으로 돌리며, 신체의 우(右) 방향으로 향하여 돌아 움직여서, 수장(豎掌)이 된다. 좌장(左掌)은 따라서 팔을 안으로 돌리며, 팔꿈치를 굽혀 오른쪽 옆구리 옆으로 향하여 아래로 "억눌러서(按)", 장심(掌心)이 아래로 향한다. 상체는 계속하여 우(右)로 돌아 움직인다. 머리는 우장(右掌)을 따라서 우(右) 방향으로 향하여 비틀어 돌리고, 눈은 우장(右掌)을 바라본다. (그림 10)

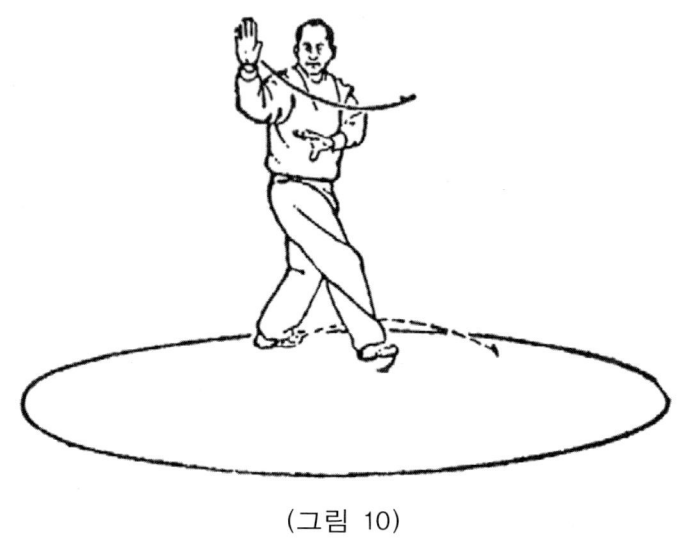

(그림 10)

3. 오른발 발끝을 밖으로 벌리고, 왼발이 보(步)를 나가며, 북(北)으로부터 시작하여 동(東)으로 향하고 남(南)으로 향하고 서(西)로 향하고 북(北)으로 향하여 동그라미를 따라 한바퀴 걸어서, 북(北)쪽 방향의 원래 기점에 도착하여 (그림 10)과 같을 때에, 다시 다음 권식을 바꾸어 연결한다.

요점
제1장의 제4동작인 홍안출군(鴻雁出群)과 같으나, 다만 방향이 반대이다.

9. 제비처럼 날쌔게 후려쳐 막다 (左)
紫燕抛翦 (左)

왼발이 오른발 앞(東쪽 방향)으로 향하여 1보를 성큼 나아가고, 양발은 거꾸로 된 八(팔)자 보(步)가 된다. 우장(右掌)은 동시에 팔을 밖으로 돌리며, 엄지 외측이 위로 향하게 하여서, 왼팔 위를 거쳐 좌측(左側)으로 향하여 "밀쳐(推)" 나가고, 장심(掌心)이 밖으로 향한다. 좌장(左掌)은 오른팔 아래에 내밀어서, 새끼손가락 외측이 비스듬히 위로 향하며, 양 장(掌)은 상하로 교차한다. 머리는 좌(左)로 향하여 돌리고, 눈은 우장(右掌)을 바라본다. (그림 11)

(그림 11)

요점

제1장의 제5동작인 자연포전(紫燕抛翦)과 같다.

10. 문을 닫아걸고 달을 받들다 (右)
閉門推月 (右)

오른발이 신체의 우측(右側)으로 향하여 조금 이동하며, 발끝을 밖으로 벌린다. 상체는 조금 우(右)로 향하여 돌린다. 우장(右掌)은 동시에 팔을 안으로 돌리며 엄지 외측이 아래로 향하게 하여서, 좌(左)로부터 우(右)로 향하여 팔꿈치를 굽혀 이끌어 돌아와서, 장심(掌心)이 밖으로 향한다. 좌장(左掌)은 동시에 팔을 밖으로 돌리며 손가락이 아래로 향하게 하여서, 우(右) 아래 방향으로 향하여 "밀쳐(推)" 나가고, 장심(掌心)이 비스듬히 위로 향한다. 눈은 양 장(掌)을 바라본다. (그림 12)

(그림 12)

요점
제1장의 제6동작인 폐문퇴월(閉門推月)과 같다.

제2장(掌)

1. 잎 밑에 꽃을 감추다 (右)
葉底藏花 (右)

왼발이 오른발의 앞 방향으로 향하여 1보를 성큼 나아가고, 발끝을 안으로 "꺾어 돌린다(扣)". 양 다리는 조금 굽힌다. 상체는 우(右)로 돌려서 북(北)쪽 방향으로 향한다. 우장(右掌)은 동시에 조금 우(右)로 향하여 이끌고, 좌장(左掌)은 동시에 우(右)로 향하여 팔꿈치를 굽히며 평평하게 "뚫어지나가서(穿)", 장심(掌心)이 위로 향하여 앙장(仰掌)이 된다. (그림 13)

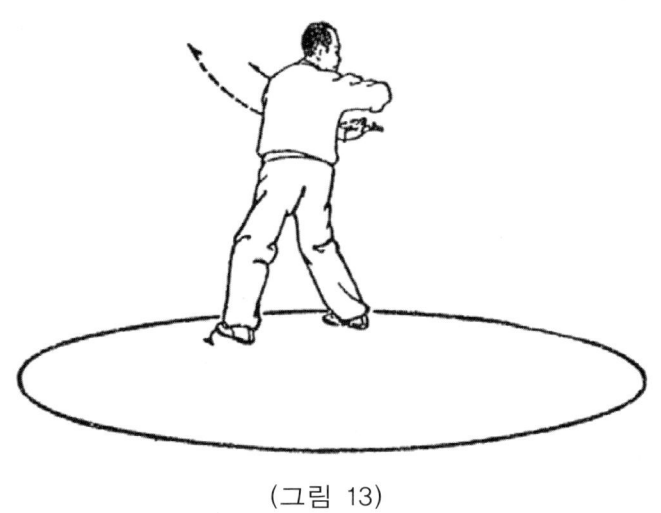

(그림 13)

요점

제1장의 제3동작인 엽저장화(葉底藏花)와 같다.

2. 기러기가 무리 중에 뛰어나다 (左)
鴻雁出群 (左)

1. 양 발은 원래 위치에서 변동이 없고, 상체는 좌(左)로 돌린다. 좌장(左掌)은 오른팔 팔꿈치 아래로부터 신체의 좌(左) 위 방향으로 향하여(동그라미의 西南방향) 이동하여 돌며 위로 들어올려서, 머리와 같은 높이에 다다른다. 우장(右掌)은 동시에 팔을 밖으로 돌리며, 좌장(左掌)을 따라서 돌아 움직여서, 왼팔 팔꿈치 안쪽 옆에 위치하고, 양장(掌)은 앙장(仰掌)이 된다. 눈은 좌장(左掌)을 바라본다. (그림 14)

(그림 14)

2. 앞의 동작이 멈추지 않고, 좌장(左掌)은 팔을 안으로 돌리며, 신체의 좌(左) 방향으로 향하여 돌아 움직여서, 수장(豎掌)이 된다. 우장(右掌)은 따라서 팔을 안으로 돌리며, 팔꿈치를 굽혀 왼쪽 옆구리 옆으로 향하여 아래로 "억눌러서(按)", 장심(掌心)이 아래로 향한다. 상체는 계속하여 좌(左)로 돌아 움직인다. 머리는 좌장(左掌)을 따라서 좌(左) 방향으로 향하여 비틀어 돌리고, 눈은 좌장(左掌)을 바라본다. (그림 15)

(그림 15)

   3. 왼발 발끝을 밖으로 벌리고, 오른발이 보(步)를 나가며, 북(北)으로부터 시작하여 서(西)로 향하고 남(南)으로 향하고 동(東)으로 향하고 북(北)으로 향하여 동그라미를 따라서 한바퀴 걸어서, 북(北)쪽 방향의 원래 기점에 도착하여 (그림 15)와 같을 때에, 다시 다음 권식을 바꾸어 연결한다.

요점

제1장의 제4동작인 홍안출군(鴻雁出群)과 같다.

3. 제비처럼 날쌔게 후려쳐 막다 (右)
    紫燕抛翦 (右)

   오른발이 왼발 앞(西쪽 방향)으로 향하여 1보를 성큼 나아가고, 양발은 거꾸로 된 八(팔)자가 된다. 좌장(左掌)은 동시에 팔을 밖으로 돌리며, 엄지 외측이 위로 향하게 하여서, 오른팔 위를 거쳐 우측(右側)

으로 향하여 "밀쳐(推)" 나가고, 장심(掌心)이 밖으로 향한다. 우장(右掌)은 왼팔 아래에 내밀어서, 새끼손가락 외측이 비스듬히 위로 향하며, 양 장(掌)은 상하로 교차한다. 머리는 우(右)로 향하여 돌리고, 눈은 좌장(左掌)을 바라본다. (그림 16)

(그림 16)

요점

제1장의 제5동작인 자연포전(紫燕抛翦)과 같다.

4. 문을 닫아걸고 달을 받들다 (左)
閉門推月 (左)

왼발이 신체의 좌측(左側)으로 향하여 조금 이동하며, 발끝을 밖으로 벌린다. 상체는 조금 좌(左)로 향하여 돌린다. 좌장(左掌)은 동시에 팔을 안으로 돌리며 엄지 외측이 아래로 향하게 하여서, 우(右)로부터 좌(左)로 향하여 팔꿈치를 굽혀 이끌어 돌아와서, 장심(掌心)이 밖으로 향한다. 우장(右掌)은 동시에 팔을 밖으로 돌리며 손가락이 아래로 향하게 하여서, 좌(左) 아래 방향으로 향하여 "밀쳐(推)" 나가고, 장심(掌心)이 비스듬히 위로 향한다. 눈은 양 장(掌)을 바라본다. (그림 17)

(그림 17)

요점

제1장의 제6동작인 폐문퇴월(閉門推月)과 같다.

5. 사나운 범이 우리에서 나오다 (左)
猛虎出柙 (左)

오른발이 왼발 앞쪽 방향으로 향하여 1보를 성큼 나아가고, 양 다리는 조금 굽힌다. 상체는 좌(左)로 돌린다. 우장(右掌)은 동시에 왼팔 안으로부터 위로 향하여 팔꿈치를 굽혀 "꿰뚫어(穿)" 나가며, 나선장(螺旋掌)이 되어, 새끼손가락 외측이 얼굴로 마주 향한다. 좌장(左掌)은 동시에 몸 앞으로 향하여 "밀쳐(推)" 나가서, 수장(豎掌)이 된다. 눈은 좌장(左掌)을 바라본다. (그림 18)

(그림 18)

요점

양 어깨는 "느슨하게(放鬆)" 하고, 우장(右掌)은 머리보다 조금 높고, 오른팔 아래팔뚝은 조금 앞으로 향하여 비스듬히 기울고, 좌장(左掌)은 높이가 가슴과 같고, 왼팔 팔꿈치는 조금 굽혀서, 오른팔 팔꿈치 안쪽 옆에 위치하고, 양 장(掌)은 상하로 직선을 이룬다.

6. 금빛 닭이 날갯죽지를 펴다 (左)
錦鷄撒膀 (左)

우장(右掌)이 위로부터 가슴 앞을 지나 팔꿈치를 굽히며 아래로 내려서, 오른쪽 허리 옆에 대어 버티고, 엄지가 뒤에 있고, 나머지 네 손가락은 앞에 있고, 왼발은 동시에 서북(西北)방향으로 향하여 내밀어 나가고, 왼다리는 곧게 뻗는다. 오른발 발끝은 동시에 안으로 "꺾어 돌리고(扣)", 오른다리는 무릎을 굽혀 아래로 웅크려 앉는다. 좌장(左掌)은 이에 따라서 왼다리와 같은 방향으로 가지런히 하며 팔을 뒤집어 내어 뻗고, 장심(掌心)은 뒤집어 위로 향한다. 머리는 좌장(左掌)을

42

따라서 좌(左)로 향하여 비틀어 돌리고, 상체는 앞으로 숙여 구부리며, 눈은 좌장(左掌)을 바라본다. (그림 19 正) (그림 19 背)

(그림 19 正)

(그림 19 背)

요점

전신의 중량은 오른다리에 있고, 왼다리는 곧게 편다.

7. 남몰래 꽃을 옮겨 나무에 붙이다 (左)
   移花接木 (左)

왼발 발끝을 밖으로 벌리며, 상체는 곧바르게 일으키고, 오른다리는 곧게 펴며, 오른발은 이에 쫓아 반보(半步)를 나아간다. 좌장(左掌)은 팔을 밖으로 돌려서 장심(掌心)이 위로 향하게 하며, 아래에서 위로 "밀어 올려서(托起)", 앙장(仰掌)이 되고, 팔꿈치는 조금 굽힌다. 눈은 좌장(左掌)을 바라본다. (그림 20)

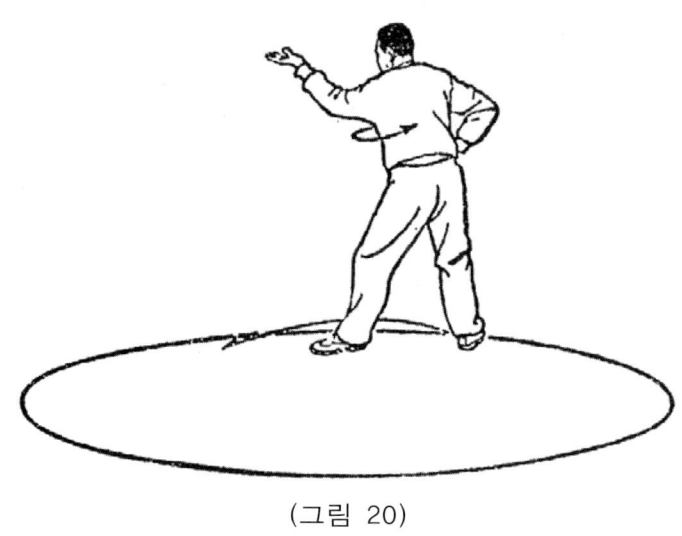

(그림 20)

요점

머리는 위로 "받쳐 올리고(頂)", 목은 곧추 세우고, 양 다리의 힘은 평형되게 하고, 좌장(左掌)은 높이가 머리와 같은 정도에 다다른다.

8. 뒤통수로 투구를 벗기다 (右)
腦後摘盔 (右)

1. 오른발이 왼발 앞쪽 방향으로 향하여 보(步)를 나가고, 발끝을 안으로 "꺾어 다잡고(扣)", 거꾸로 된 八(팔)자 보(步)가 된다. 신체는 동시에 좌(左)로 돌린다. 우장(右掌)은 팔을 밖으로 돌려서 장심(掌心)이 위로 향하게 하며, 오른쪽 허리 옆으로부터 왼팔 아래를 지나서 좌(左)로 향하여 "꿰뚫어(穿)" 나간다. 좌장(左掌)의 위치는 변하지 않고, 양 팔은 상하로 교차한다. 눈은 우장(右掌)을 바라본다. (그림 21)

(그림 21)

2. 양 발은 움직이지 않고, 우장(右掌)은 왼팔 아래를 지나 우(右)로 향하며 위로 향해 비스듬히 벌여 놓으며 위로 쳐들어서, 장심(掌心)이 여전히 위로 향한다. 상체는 따라서 우(右)로 돌린다. 좌장(左掌)은 추세를 따라서 팔꿈치를 굽히며 오른팔 팔꿈치 안쪽 옆에 위치한다. 눈은 우장(右掌)을 바라본다. (그림 22)

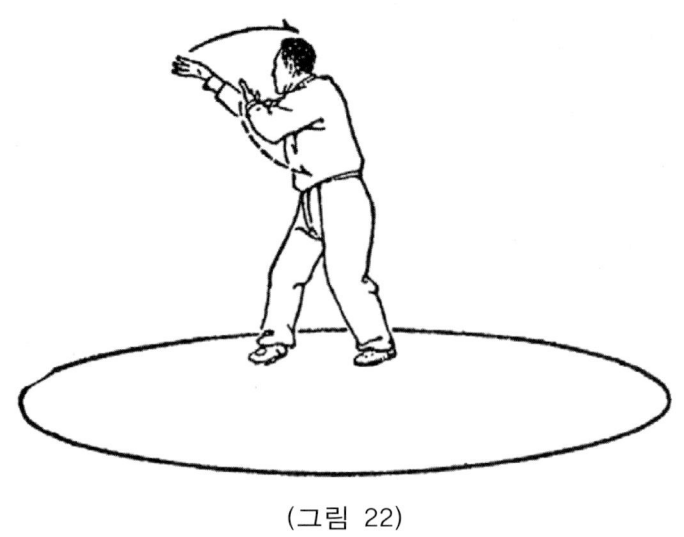

(그림 22)

3. 앞의 동작이 멈추지 않고, 우장(右掌)이 우(右) 위 방향으로부터 팔꿈치를 굽히며 뒤통수로 향하여 이동하여 돌리고, 뒤통수에 도달할 때, 머리 정수리 위 방향으로 향하여 받쳐들어 올린다. 좌장(左掌)은 오른팔 팔꿈치 안쪽 옆으로부터 배 앞으로 내리고, 여전히 앙장(仰掌)이다. 양 눈은 수평으로 바라본다. (그림 23)

(그림 23)

요점

머리는 위로 "받쳐 올리고(頂)", 어깨를 "느슨하게 하고(鬆)" 과(胯)를 느슨하게 하고, 양 팔은 시종 팔꿈치를 굽히고, 팔을 곧게 펴지 않는다.

9. 가슴속에 달을 품다 (左)
懷中抱月 (左)

우장(右掌)이 몸 앞을 지나 아래로 내려서, 오른쪽 허리 앞에 위치하고, 엄지가 뒤로 향하며, 부장(俯掌)이 된다. 왼발은 좌(左)로 향하여 내밀어 나가고, 상체는 이에 따라서 좌(左)로 돌린다. 좌장(左掌)은 동시에 팔꿈치를 굽히며 좌(左)로 향하여 "버팅겨 밀쳐(掤)" 나가서, 엄지 외측이 위로 향하고, 장심(掌心)이 안으로 향하며, "허리를 안아 품는(抱腰)" 모양을 취한다. 눈은 좌장(左掌)을 바라본다. (그림 24)

(그림 24)

요점

양 다리는 조금 굽히고, 힘은 평형(平衡)하며, 왼팔은 구부려서 반원형을 이루어야 하고, 좌장(左掌)은 가슴과 높이가 같다.

10. 잎 밑에 꽃을 감추다 (左)
葉底藏花 (左)

오른발이 왼발의 앞 방향으로 향하여 1보를 성큼 나아가고, 발끝을 안으로 "꺾어 돌린다(扣)". 양 다리는 조금 굽힌다. 상체는 좌(左)로 돌려서 북(北)쪽 방향으로 향한다. 좌장(左掌)은 동시에 팔을 안으로 돌려서 엄지의 외측이 아래로 향하게 하고, 팔꿈치를 굽혀 좌(左)로 향하여 평평하게 이끈다. 우장(右掌)은 이에 따라서 팔을 밖으로 돌려 장심(掌心)이 위로 향하게 하며, 왼쪽 겨드랑이 아래로 향하여 "꿰뚫어(穿)" 나간다. (그림 25)

(그림 25)

요점

제1장의 제3동작인 엽저장화(葉底藏花)와 같으나, 방향이 반대이다.

11. 기러기가 무리 중에 뛰어나다 (右)
鴻雁出群 (右)

1. 양 발은 원래 위치에서 변동이 없고, 상체는 우(右)로 돌린다. 우장(右掌)은 왼팔 팔꿈치 아래로부터 신체의 우(右) 위 방향으로 향하여 (동그라미의 東南방향) 이동하여 돌며 위로 들어올려서, 머리와 같은 높이에 다다른다. 좌장(左掌)은 동시에 팔을 밖으로 돌리며, 우장(右掌)을 따라서 돌아 움직여서, 오른팔 팔꿈치 안쪽 옆에 위치하고, 양장(掌)은 앙장(仰掌)이 된다. 눈은 우장(右掌)을 바라본다. (그림 26)

(그림 26)

2. 앞의 동작이 멈추지 않고, 우장(右掌)은 팔을 안으로 돌리며, 신체의 우(右) 방향으로 향하여 돌아 움직여서, 수장(豎掌)이 된다. 좌장(左掌)은 따라서 팔을 안으로 돌리며, 팔꿈치를 굽혀 오른쪽 옆구리 옆으로 향하여 아래로 "억눌러서(按)", 장심(掌心)이 아래로 향한다. 상체는 계속하여 우(右)로 돌아 움직인다. 머리는 우장(右掌)을 따라서 우(右) 방향으로 향하여 비틀어 돌리고, 눈은 우장(右掌)을 바라본다. (그림 27)

(그림 27)

3. 오른발 발끝을 밖으로 벌리고, 왼발이 보(步)를 나가며, 북(北)으로부터 시작하여 동(東)으로 향하고 남(南)으로 향하고 서(西)로 향하고 북(北)으로 향하여 동그라미를 따라서 한바퀴 걷는다. 북(北)쪽 방향의 원래 기점에 도착하여 (그림 27)과 같을 때에, 다시 다음 권식을 바꾸어 연결한다.

요점

제1장의 제4동작인 홍안출군(鴻雁出群)과 같으나, 방향이 반대이다.

12. 제비처럼 날쌔게 후려쳐 막다 (左)
紫燕抛翦 (左)

왼발이 오른발 앞(東쪽 방향)으로 향하여 1보를 성큼 나아가고, 양발은 거꾸로 된 八(팔)자가 된다. 우장(右掌)은 동시에 팔을 밖으로 돌리며, 엄지 외측이 위로 향하게 하여서, 왼팔 위를 거쳐 좌측(左側)으로 향하여 "밀쳐(推)" 나가고, 장심(掌心)이 밖으로 향한다. 좌장(左

掌)은 오른팔 아래에 내밀어서, 새끼손가락 외측이 비스듬히 위로 향하며, 양 장(掌)은 상하로 교차한다. 머리는 좌(左)로 향하여 돌리고, 눈은 우장(右掌)을 바라본다. (그림 28)

(그림 28)

요점
제1장의 제5동작인 자연포전(紫燕抛翦)과 같으나, 방향이 반대이다.

13. 문을 닫아걸고 달을 받들다 (右)
閉門推月 (右)

오른발이 신체의 우측(右側)으로 향하여 조금 이동하며, 발끝을 밖으로 벌린다. 상체는 조금 우(右)로 향하여 돌린다. 우장(右掌)은 동시에 팔을 안으로 돌리며 엄지 외측이 아래로 향하게 하여서, 좌(左)로부터 우(右)로 향하여 팔꿈치를 굽혀 이끌어 돌아와서, 장심(掌心)이 밖으로 향한다. 좌장(左掌)은 동시에 팔을 밖으로 돌리며 손가락이 아래로 향하게 하여서, 우(右) 아래 방향으로 향하여 "밀쳐(推)" 나가고, 장심(掌心)이 비스듬히 위로 향한다. 눈은 양 장(掌)을 바라본다. (그림 29)

(그림 29)

요점

제1장의 제6동작인 폐문퇴월(閉門推月)과 같으나, 방향이 반대이다.

14. 사나운 범이 우리에서 나오다 (右)
猛虎出柙 (右)

왼발이 오른발 앞쪽 방향으로 향하여 1보를 성큼 나아가고, 양 다리는 조금 굽힌다. 상체는 우(右)로 돌린다. 좌장(左掌)은 동시에 오른팔

(그림 30)

안으로부터 위로 향하여 팔꿈치를 굽혀 "꿰뚫어(穿)" 나가며, 나선장(螺旋掌)이 되어, 새끼손가락 외측이 얼굴로 마주 향한다. 우장(右掌)은 동시에 몸 앞으로 향하여 "밀쳐(推)" 나가서, 수장(豎掌)이 된다. 눈은 우장(右掌)을 바라본다. (그림 30)

요점
제2장의 제5동작인 맹호출합(猛虎出柙)과 같으나, 방향이 반대이다.

15. 금빛 닭이 날갯죽지를 펴다 (右)
錦鷄撒膀 (右)

좌장(左掌)이 위로부터 가슴 앞을 지나 팔꿈치를 굽히며 아래로 내려서, 왼쪽 허리 옆에 대어 버티고, 엄지가 뒤에 있고, 나머지 네 손가락은 앞에 있다. 오른발은 동시에 동북(東北)방향으로 향하여 내밀어, 오른다리는 곧게 뻗는다. 왼발 발끝은 동시에 안으로 "꺾어 돌리고(扣)", 왼다리는 무릎을 굽혀 아래로 웅크려 앉는다. 우장(右掌)은 이에 따라서 오른다리와 같은 방향으로 가지런히 하며 팔을 뒤집어 내

(그림 31)

어 뻗고, 장심(掌心)은 뒤집어 위로 향한다. 머리는 우장(右掌)을 따라서 우(右)로 향하여 비틀어 돌리고, 상체는 앞으로 숙여 구부리며, 눈은 우장(右掌)을 바라본다. (그림 31)

요점

제2장의 제6동작인 금계살방(錦鷄撒膀)과 같으나, 방향이 반대이다.

16. 남몰래 꽃을 옮겨 나무에 붙이다 (右)
移花接木 (右)

오른발 발끝을 밖으로 벌리며, 상체는 곧바르게 일으키고, 왼다리는 곧게 펴며, 왼발은 이에 쫓아 반보(半步)를 나아간다. 우장(右掌)은 팔을 밖으로 돌려서 장심(掌心)이 위로 향하게 하며, 아래에서 위로 "밀어 올려서(托起)", 앙장(仰掌)이 되고, 팔꿈치는 조금 굽힌다. 눈은 우장(右掌)을 바라본다. (그림 32)

(그림 32)

요점

제2장의 제7동작인 이화접목(移花接木)과 같으나, 방향이 반대이다.

17. 뒤통수로 투구를 벗기다 (左)
腦後摘盔 (左)

1. 왼발이 오른발 앞쪽 방향으로 향하여 보(步)를 나가고, 발끝을 안으로 "꺾어 다잡고(扣)", 거꾸로 된 八(팔)자 보(步)가 된다. 신체는 동시에 우(右)로 돌린다. 좌장(左掌)은 팔을 밖으로 돌려서 장심(掌心)이 위로 향하게 하며, 허리 옆으로부터 오른팔 아래를 지나서 우(右)로 향하여 "꿰뚫어(穿)" 나간다. 우장(右掌)의 위치는 변하지 않고, 양팔은 상하로 교차한다. 눈은 좌장(左掌)을 바라본다. (그림 33)

(그림 33)

2. 양 발은 움직이지 않고, 좌장(左掌)은 오른팔 아래를 지나 좌(左)로 향하며 위로 향해 비스듬히 벌여 놓으며 위로 쳐들어서, 장심(掌心)이 여전히 위로 향한다. 상체는 따라서 좌(左)로 돌린다. 우장(右掌)은 추세를 따라서 팔꿈치를 굽히며 왼팔 팔꿈치 안쪽 옆에 위치한

다. 눈은 좌장(左掌)을 바라본다. (그림 34)

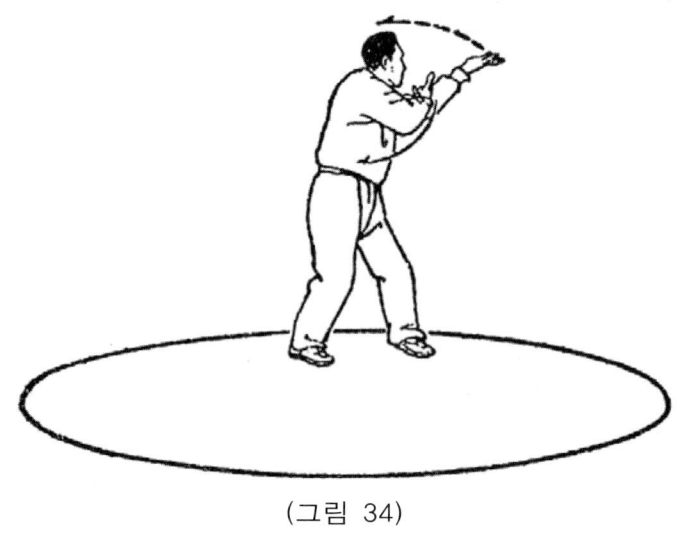

(그림 34)

3. 앞의 동작이 멈추지 않고, 좌장(左掌)이 좌(左) 위 방향으로부터 팔꿈치를 굽히며 뒤통수로 향하여 이동하여 돌린다. 뒤통수에 도달할 때, 머리 정수리 위 방향으로 향하여 받쳐들어 올린다. 우장(右掌)은 왼팔 팔꿈치 안쪽 옆으로부터 배 앞으로 내리고, 여전히 앙장(仰掌)이다. 양 눈은 수평으로 바라본다. (그림 35)

(그림 35)

요점

제2장의 제8동작인 뇌후적회(腦後摘盔)와 같으나, 방향이 반대이다.

18. 가슴속에 달을 품다 (右)
   懷中抱月 (右)

좌장(左掌)이 몸 앞을 지나 아래로 내려서, 왼쪽 허리 앞에 위치하고, 엄지가 뒤로 향하며, 부장(俯掌)이 된다. 오른발은 우(右)로 향하여 내밀어 나가고, 상체는 이에 따라서 우(右)로 돌린다. 우장(右掌)은 동시에 팔꿈치를 굽히며 우(右)로 향하여 "버팅겨 밀쳐(掤)" 나가서, 엄지 외측이 위로 향하고, 장심(掌心)이 안으로 향하며, "허리를 안아 품는(抱腰)" 모양을 취한다. 눈은 우장(右掌)을 바라본다. (그림 36)

(그림 36)

요점

제2장의 제9동작인 회중포월(懷中抱月)과 같으나, 방향이 반대이다.

제3장(掌)

1. 잎 밑에 꽃을 감추다 (右)
   葉底藏花 (右)

왼발이 오른발의 앞 방향으로 향하여 1보를 성큼 나아가고, 발끝을 안으로 "꺾어 돌린다(扣)". 양 다리는 조금 굽힌다. 상체는 우(右)로 돌려서 북(北)쪽 방향으로 향한다. 우장(右掌)은 동시에 팔을 안으로 돌리며 엄지 외측이 아래로 향하게 하여서, 팔꿈치를 굽혀 우(右)로 향하여 평평하게 이끈다. 좌장(左掌)은 이에 따라서 팔을 밖으로 돌려 장심(掌心)이 위로 향하게 하며, 오른쪽 겨드랑이 아래로 "꿰뚫어 (穿)" 나간다. (그림 37)

(그림 37)

요점

제1장의 제3동작인 엽저장화(葉底(藏花)와 같다.

2. 기러기가 무리 중에 뛰어나다 (左)
鴻雁出群 (左)

1. 양 발은 원래 위치에서 변동이 없고, 상체는 좌(左)로 돌린다. 좌장(左掌)은 오른팔 팔꿈치 아래로부터 신체의 좌(左) 위 방향으로 향하여(동그라미의 西南방향) 이동하여 돌며 위로 들어올려서, 머리와 같은 높이에 다다른다. 우장(右掌)은 동시에 팔을 밖으로 돌리며, 좌장(左掌)을 따라서 돌아 움직여서, 왼팔 팔꿈치 안쪽 옆에 위치하고, 양장(掌)은 앙장(仰掌)이 된다. 눈은 좌장(左掌)을 바라본다. (그림 38)

(그림 38)

2. 앞의 동작이 멈추지 않고, 좌장(左掌)은 팔을 안으로 돌리며, 신체의 좌(左) 방향으로 향하여 돌아 움직여서, 수장(豎掌)이 된다. 우장(右掌)은 따라서 팔을 안으로 돌리며, 팔꿈치를 굽혀 좌측(左側) 아래로 향하여 "억눌러서(按)", 장심(掌心)이 아래로 향한다. 상체는 계속하여 좌(左)로 돌아 움직인다. 머리는 좌장(左掌)을 따라서 좌(左) 방향으로 향하여 비틀어 돌리고, 눈은 좌장(左掌)을 바라본다. (그림 39)

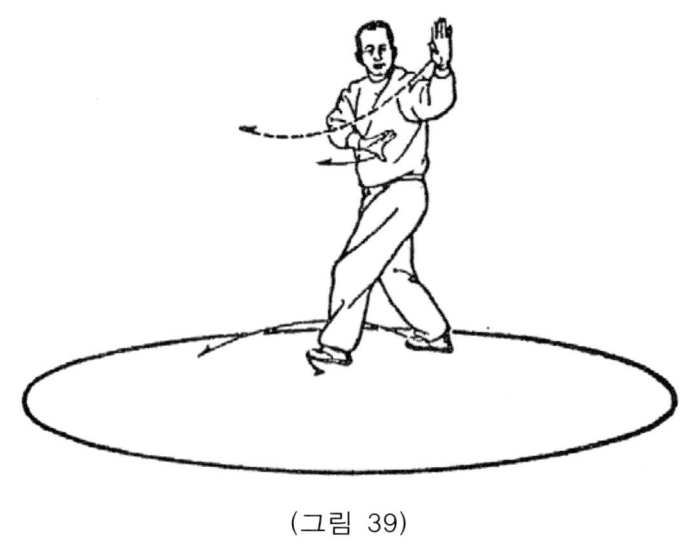

(그림 39)

3. 왼발 발끝을 밖으로 벌리고, 오른발이 보(步)를 나가며, 북(北)으로부터 시작하여 서(西)로 향하고 남(南)으로 향하고 동(東)으로 향하고 북(北)으로 향하여 동그라미를 따라서 한바퀴 걷는다. 북(北)쪽 방향의 원래 기점에 도착하여 (그림 39)와 같을 때에, 다시 다음 권식을 바꾸어 연결한다.

요점
제1장의 제4동작인 홍안출군(鴻雁出群)과 같다.

3. 제비처럼 날쌔게 후려쳐 막다 (右)
紫燕抛翦 (右)

오른발이 왼발 앞(西쪽 방향)으로 향하여 1보를 성큼 나아가고, 양발은 거꾸로 된 八(팔)자가 된다. 좌장(左掌)은 동시에 팔을 밖으로 돌리며, 엄지 외측이 위로 향하게 하여서, 오른팔 위를 거쳐 우측(右側)

으로 향하여 "밀쳐(推)" 나가고, 장심(掌心)이 밖으로 향한다. 우장(右掌)은 왼팔 아래에 내밀어서, 새끼손가락 외측이 비스듬히 위로 향하며, 양 장(掌)은 상하로 교차한다. 머리는 우(右)로 향하여 돌리고, 눈은 좌장(左掌)을 바라본다. (그림 40)

(그림 40)

요점

제1장의 제5동작인 자연포전(紫燕抛翦)과 같다.

4. 문을 닫아걸고 달을 받들다 (左)
閉門推月 (左)

왼발이 신체의 좌측(左側)으로 향하여 조금 이동하며, 발끝을 밖으로 벌린다. 상체는 조금 좌(左)로 향하여 돌린다. 좌장(左掌)은 동시에 팔을 안으로 돌리며 엄지 외측이 아래로 향하게 하여서, 우(右)로부터 좌(左)로 향하여 팔꿈치를 굽혀 이끌어 돌아와서, 장심(掌心)이 밖으로 향한다. 우장(右掌)은 동시에 팔을 밖으로 돌리며 손가락이 아래로 향하게 하여서, 좌(左) 아래 방향으로 향하여 "밀쳐(推)" 나가고, 장심(掌心)이 비스듬히 위로 향한다. 눈은 양 장(掌)을 바라본다. (그림 41)

(그림 41)

요점

제1장의 제6동작인 폐문퇴월(閉門推月)과 같다.

5. 새매가 하늘로 뚫고 들어가다 (右)
鷂子鑽天 (右)

오른발이 왼발 앞으로 향하여 1보를 성큼 나아가서, 양 발이 거꾸로

(그림 42 正)

된 八(팔)자 보(步)가 된다. 신체는 따라서 좌(左)로 돌린다. 우장(右掌)은 동시에 왼팔 바깥을 지나 위로 향해 쳐들어 올리고, 장배(掌背 : 손등)가 밖으로 향한다. 좌장(左掌)은 이에 따라서 샅 앞으로 향하여 아래로 내리고, 장심(掌心)이 밖으로 향한다. 눈은 우장(右掌)을 바라본다. (그림 42 正) (그림 42 背)

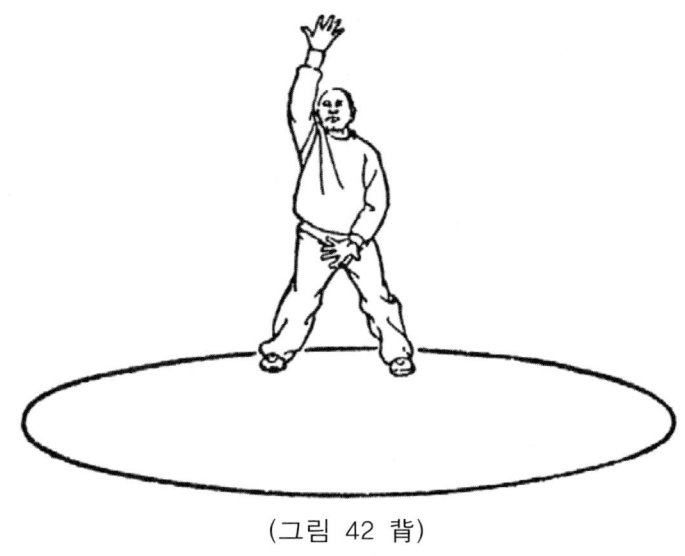

(그림 42 背)

요점

양 다리는 굽히고, 양 무릎은 안으로 "꺾어 다잡으며(扣)", 우장(右掌)이 위로 쳐들은 자세는 머리 정수리로부터 약 7·8촌(20여 cm) 거리이다.

6. 흰 뱀이 몸을 휘감다 (右)
白蛇纏身 (右)

양 발은 본래의 위치에서 움직이지 않고, 우장(右掌)은 머리 위 방향에서 우(右)로부터 앞으로 향하다 좌(左)로 향하며 뒤로 향해 하나의 작은 동그라미를 휘젓고, 오른팔은 따라서 안으로 돌리며, 장심(掌心)이 위로 향하여서 탁장(托掌)이 된다. 신체는 동시에 좌(左)로 돌린다. 좌장(左掌)은 이에 따라서 살 앞으로부터 왼쪽 과(胯)로 붙여서 "감돌아(繞)" 뒤쪽으로 향하여서 팔꿈치를 굽히고, 장심(掌心)이 밖으로 향한다. 눈은 왼쪽 어깨를 바라본다. (그림 43)

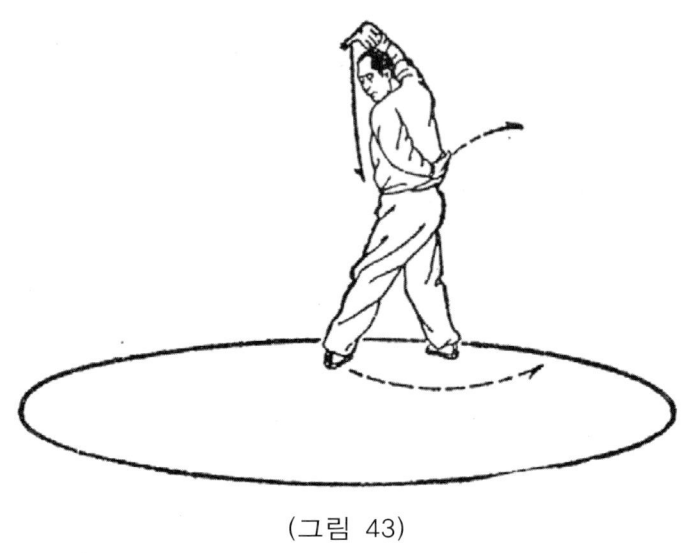

(그림 43)

요점

허리를 비틀고, 과(胯)를 느슨하게 하며, 양 팔은 모두 굽힌다.

7. 가슴속에 달을 품다 (左)
懷中抱月 (左)

왼발이 몸 뒤를 지나 우측(右側)으로 향하여 1보를 물러나며, 상체는 따라서 좌(左)로부터 뒤로 향하여 돌리고, 오른발은 발끝을 안으로 "꺾어 다잡고(扣)", 양 다리 모두 무릎을 굽히며 약간 웅크려 앉는다. 우장(右掌)은 동시에 위로부터 가슴 앞을 지나 아래로 내려서, 오른쪽 허리 옆에 위치하고, 엄지가 뒤로 향하며, 부장(俯掌)이 된다. 좌장(左掌)은 이에 따라서 뒤로부터 몸 앞으로 향하여 감돌며, 팔을 밖으로 돌려 엄지 외측이 위로 향하게 하고, 장심(掌心)이 안으로 향하며, "허리를 안아 품는(抱腰)" 모양을 취한다. 눈은 좌장(左掌)을 바라본다. (그림 44)

(그림 44)

요점

제2장의 제9동작인 회중포월(懷中抱月)과 같다.

8. 미녀가 글을 올리다 (右)
玉女獻書 (右)

오른발이 왼발 앞으로 향하여 반보(半步)를 성큼 나아간다. 우장(右掌)은 동시에 왼팔 아래를 지나 앞으로 향하여 팔꿈치를 굽히며 "꿰뚫어(穿)" 나가서, 장심(掌心)이 위로 향한다. 좌장(左掌)은 이에 따라서 팔을 안으로 돌리며 새끼손가락 외측이 위로 향하게 하고, 오른팔 위를 지나 팔꿈치를 굽히며 오른쪽 어깨 외측에 거두어들인다. 눈은 우장(右掌)을 바라본다. (그림 45)

(그림 45)

요점

양 다리는 조금 굽히고, 어깨를 느슨하게 하며 팔꿈치를 "가라앉히고(沉)", 우장(右掌)은 높이가 눈썹과 같다.

9. 태산이 정수리를 내리 누르다 (右)
泰山壓頂 (右)

오른발 발끝을 안으로 "꺾어 돌리고(扣)", 왼발 발끝을 밖으로 벌리고, 상체는 좌(左)로 돌려 서(西)로 향한다. 우장(右掌)은 동시에 우(右)로부터 뒤로 향해 돌아서 머리 정수리 위 방향에 이르고, 장심(掌心)은 여전히 위로 향한다. 좌장(左掌)은 이에 따라서 오른쪽 어깨 외측으로부터 배 앞으로 내려서, 장심(掌心)이 위로 향한다. 눈은 서(西)쪽 방향으로 향해 수평으로 바라본다. (그림 46)

요점

양 다리의 힘은 평형(平衡)되어야 하고, 우장(右掌)은 머리 정수리로부터 약 4·5촌(寸: 10여 cm) 거리이다.

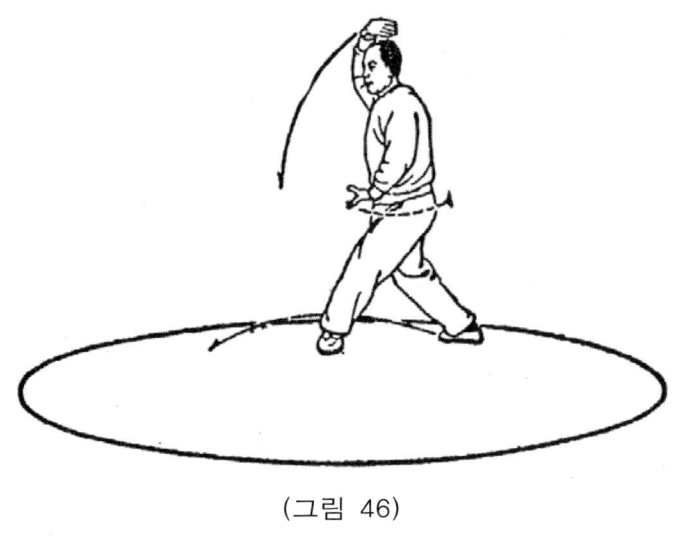

(그림 46)

10. 검은 곰이 등을 돌리다 (左)
黑熊反背 (左)

오른발이 왼발 앞으로 향하여 1보를 성큼 나아가며, 상체는 좌(左)로 돌려 남(南)쪽으로 향하고, 양 다리는 무릎을 굽혀 마보(馬步)가 된다. 우장(右掌)은 동시에 몸 앞을 지나 우측(右側) 아래로 향하여 "억누르고(按)", 장심(掌心)이 아래로 향한다. 좌장(左掌)은 동시에 배 앞

(그림 47)

으로부터 좌측(左側) 아래로 향하여 "억누르고(按)", 장심(掌心)이 아래로 향한다. 양 팔 모두 조금 굽힌다. 눈은 좌장(左掌)을 바라본다. (그림 47)

요점

양 다리는 조금 굽히고, 허리는 "느슨하게 하며(鬆)" 과(胯)도 느슨하게 한다.

11. 참매가 모이주머니를 파내다 (右)
黃鷹掐嗉 (右)

왼발 발끝을 밖으로 "벌리고(展)", 오른발 발끝을 안으로 "꺾어 돌리며(扣)", 상체는 좌(左)로 돌린다. 좌장(左掌)은 동시에 몸 앞에 들어 올리고, 우장(右掌)은 곧 좌장(左掌) 아래를 지나 몸 앞으로 향하여 팔꿈치를 굽히며 내밀어 나가서, 손가락이 위로 향하고, 장심(掌心)이 앞으로 향한다. 좌장(左掌)은 우장(右掌)이 내밀어 나간 후에, 팔꿈치

(그림 48)

를 굽히며 왼쪽 허리 옆에 내려서, 손가락이 앞으로 향하고, 장심(掌心)이 아래로 향한다. 눈은 우장(右掌)을 바라본다. (그림 48)

요점

우장(右掌)은 높이가 눈썹과 같고, 양 팔은 모두 굽히며, 어깨를 "가라앉히고(沉)" 팔꿈치를 "내려뜨린다(墜)".

12. 참매가 모이주머니를 파내다 (左)
黃鷹掐嗉 (左)

오른발이 왼발 앞으로 향하여 1보를 성큼 나아가고, 양 다리는 조금 굽힌다. 좌장(左掌)은 동시에 우장(右掌) 아래를 지나 팔꿈치를 굽히며 몸 앞으로 향하여 내밀어 나가서, 손가락이 위로 향하고, 장심(掌心)이 앞으로 향한다. 우장(右掌)은 동시에 팔꿈치를 굽히며 오른쪽 허리 옆에 거두어들여서, 손가락이 앞으로 향하고, 장심(掌心)이 아래로 향한다. 눈은 좌장(左掌)을 바라본다. (그림 49)

(그림 49)

요점

좌장(左掌)은 높이가 눈썹과 같고, 양 팔은 모두 굽히며, 어깨를 "가라앉히고(沉)" 팔꿈치를 "내려뜨린다(隆)".

13. 원숭이가 과실을 따다 (左)
　　猿猴摘果 (左)

오른발 발끝을 안으로 "꺾어 돌리고(扣)", 왼발 발끝을 밖으로 "벌리고(展)", 상체는 따라서 좌(左)로부터 뒤로 향하여 돌아서, 서북(西北)쪽으로 향한다. 좌장(左掌)은 동시에 무명지와 새끼손가락을 굽혀 모으고, 엄지를 사용하여 단단히 누르며, 식지(食指)와 중지(中指)는 곧게 펴고, 몸 앞으로부터 아래로 내리며, 몸을 돌림에 따라서 좌(左)로 향하여 팔꿈치를 굽혀 내밀어 나가서, 장심(掌心)이 위로 향한다. 우장(右掌)은 변동이 없고, 몸을 따라서 돌아 움직인다. 눈은 좌장(左掌)을 바라본다. (그림 50)

(그림 50)

요점

머리는 위로 "받쳐 올리고(頂)", 양 어깨는 "느슨하게 하며(放鬆)", 좌장(左掌)은 높이가 머리와 같다.

14. 원숭이가 동굴에 앉다 (左)
猿猴坐洞 (左)

왼발이 반보(半步)를 물러나고, 발끝이 땅에 닿으며, 오른다리는 무릎을 굽혀 반쯤 웅크려 앉아서, 계등보(鷄蹬步)가 된다. 좌장(左掌)은 동시에 거두어들여서, 왼쪽 어깨 곁에 멈춘다. 눈은 좌장(左掌)을 바라본다. (그림 51)

(그림 51)

요점

오른다리가 신체의 중량을 지탱하고, 상체는 조금 앞으로 향하여 기울고, 어깨를 추켜올리거나 등을 둥글게 구부림을 방지한다.

15. 기린이 글을 토하다 (右)
麒麟吐書 (右)

왼발이 서(西)로 향하여 반보(半步)를 나가고, 오른발이 잇따라 앞으로 1보를 나아간다. 왼발을 들어올리고, 오른다리 안쪽 옆에 바짝 가까이 대어서, 독립보(獨立步)가 된다. 우장(右掌)은 동시에 왼팔 아래를 지나 앞쪽 위로 향하여 "꿰뚫어 찌르고(穿)", 장심(掌心)이 위로 향하며, 팔꿈치는 조금 굽힌다. 좌장(左掌)은 동시에 무명지 새끼손가락 엄지를 풀어 펴며, 팔을 안으로 돌려 장심(掌心)이 아래로 향하게 하고, 앞으로부터 아래로 향하며 뒤로 향해 팔꿈치를 굽혀 거두어들여서, 허리 왼쪽 뒤 옆에 위치한다. 눈은 우장(右掌)을 바라본다. (그림 52)

(그림 52)

요점
오른다리는 조금 굽히고, 머리는 위로 "받쳐 올리고(頂)", 어깨는 "느슨하게 하며(鬆)", 우장(右掌)은 높이가 머리와 같다.

16. 날쌘 제비가 물을 스치다 (左)
飛燕抄水 (左)

왼발이 몸 뒤로 향하여 보(步)를 내려 내어 뻗어 나가고, 발끝을 안으로 "꺾어 돌린다(扣)". 오른발 발끝은 동시에 안으로 꺾어 돌리며, 오른다리는 무릎을 굽혀 아래로 웅크려 앉아서, 복보(僕步)가 된다. 우장(右掌)은 동시에 팔을 안으로 돌려 장배(掌背 : 손등)가 아래로 향하게 하며, 팔을 뒤집어 곧게 편다. 좌장(左掌)은 바로 왼다리를 따라서 팔을 뒤집으며 내뻗어 나가서, 장심(掌心)을 뒤집어 위로 향한다. 상체는 앞으로 숙이고, 머리는 좌(左)로 비틀어 돌리고, 눈은 좌장(左掌)을 바라본다. (그림 53)

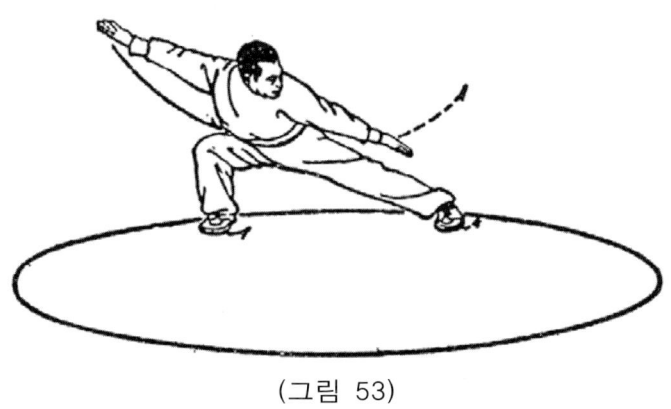

(그림 53)

요점

전신의 중량은 양 다리의 사이로 내리고, 오른다리는 가능한 한 아래로 웅크려 앉는다.

17. 가슴속에 달을 품다 (左)
懷中抱月 (左)

상체는 곧게 펴며 일으키고, 왼발 발끝은 밖으로 벌리고, 오른발 발끝은 안으로 꺾어 돌리고, 양 다리는 조금 굽힌다. 우장(右掌)은 팔꿈치를 굽히고 오른쪽 허리 옆에 위치하고, 엄지가 뒤로 향하여 부장(俯掌)이 된다. 좌장(左掌)은 동시에 팔을 밖으로 돌려서 엄지 외측이 위로 향하게 하고, 팔꿈치를 굽혀 "허리를 안아 품는(抱腰)" 모양을 취한다. 눈은 좌장(左掌)을 바라본다. (그림 54)

(그림 54)

요점
제2장의 제9동작인 회중포월(懷中抱月)과 같다.

18. 잎 밑에 꽃을 감추다 (左)
葉底藏花 (左)

오른발이 왼발의 앞 방향으로 향하여 1보를 성큼 나아가고, 발끝을 안으로 "꺾어 돌린다(扣)". 양 다리는 조금 굽힌다. 상체는 좌(左)로 돌려서 북(北)쪽 방향으로 향한다. 좌장(左掌)은 동시에 팔을 안으로 돌려서 엄지의 외측이 아래로 향하게 하고, 팔꿈치를 굽혀 좌(左)로 향하여 평평하게 이끈다. 우장(右掌)은 이에 따라서 팔을 밖으로 돌려 장심(掌心)이 위로 향하게 하며, 왼쪽 겨드랑이 아래로 향하여 "꿰뚫어(穿)" 나간다. (그림 55)

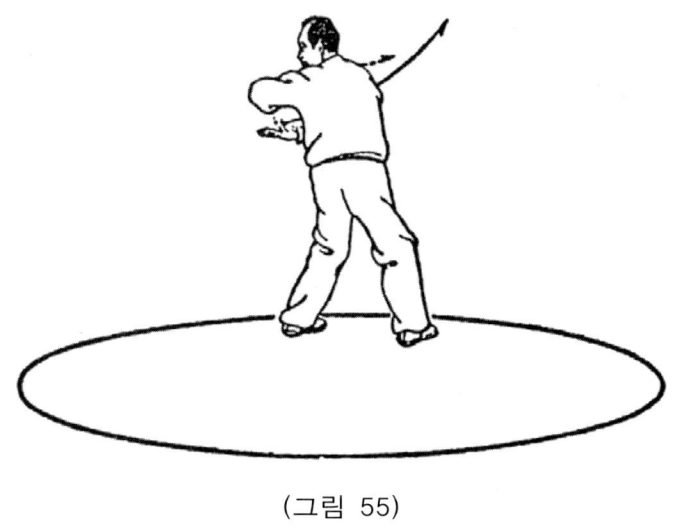

(그림 55)

요점

제1장의 제3동작인 엽저장화(葉底藏花)와 같으나, 방향이 반대이다.

19. 기러기가 무리 중에 뛰어나다 (右)
鴻雁出群 (右)

1. 양 발은 원래 위치에서 변동이 없고, 상체는 우(右)로 돌린다. 우장(右掌)은 왼팔 팔꿈치 아래로부터 신체의 우(右) 위 방향으로 향하여 (동그라미의 東南방향) 이동하여 돌며 위로 들어올려서, 머리와 같은 높이에 다다른다. 좌장(左掌)은 동시에 팔을 밖으로 돌리며, 우장(右掌)을 따라서 돌아 움직여서, 오른팔 팔꿈치 안쪽 옆에 위치하고, 양장(掌)은 앙장(仰掌)이 된다. 눈은 우장(右掌)을 바라본다. (그림 56)

(그림 56)

2. 앞의 동작이 멈추지 않고, 우장(右掌)은 팔을 안으로 돌리며, 신체의 우(右) 방향으로 향하여 돌아 움직여서, 수장(豎掌)이 된다. 좌장(左掌)은 따라서 팔을 안으로 돌리며, 팔꿈치를 굽혀 우측(右側) 아래로 향하여 "억눌러서(按)", 장심(掌心)이 아래로 향한다. 상체는 계속하여 우(右)로 돌아 움직인다. 머리는 우장(右掌)을 따라서 우(右) 방향으로 향하여 비틀어 돌리고, 눈은 우장(右掌)을 바라본다. (그림 57)

(그림 57)

3. 오른발 발끝을 밖으로 벌리고, 왼발이 보(步)를 나가며, 북(北)으로부터 시작하여 동(東)으로 향하고 남(南)으로 향하고 서(西)로 향하고 북(北)으로 향하여 동그라미를 따라서 한바퀴 걷는다. 북(北)쪽 방향의 원래 기점에 도착하여 (그림 57)과 같을 때에, 다시 다음 권식을 바꾸어 연결한다.

요점

제1장의 제4동작인 홍안출군(鴻雁出群)과 같으나, 방향이 반대이다.

20. 제비처럼 날쌔게 후려쳐 막다 (左)
紫燕抛翦 (左)

왼발이 오른발 앞(東쪽 방향)으로 향하여 1보를 성큼 나아가고, 양발은 거꾸로 된 八(팔)자가 된다. 우장(右掌)은 동시에 팔을 밖으로 돌리며, 엄지 외측이 위로 향하게 하여서, 왼팔 위를 거쳐 좌측(左側)으로 향하여 "밀쳐(推)" 나가고, 장심(掌心)이 밖으로 향한다. 좌장(左

掌)은 오른팔 아래에 내밀어서, 새끼손가락 외측이 비스듬히 위로 향한다. 양 장(掌)은 상하로 교차한다. 머리는 좌(左)로 향하여 돌리고, 눈은 우장(右掌)을 바라본다. (그림 58)

(그림 58)

요점

제1장의 제5동작인 자연포전(紫燕抛翦)과 같으나, 방향이 반대이다.

21. 문을 닫아걸고 달을 받들다 (右)
閉門推月 (右)

오른발이 신체의 우측(右側)으로 향하여 조금 이동하며, 발끝을 밖으로 벌린다. 상체는 조금 우(右)로 향하여 돌린다. 우장(右掌)은 동시에 팔을 안으로 돌리며 엄지 외측이 아래로 향하게 하여서, 좌(左)로부터 우(右)로 향하여 팔꿈치를 굽혀 이끌어 돌아와서, 장심(掌心)이 밖으로 향한다. 좌장(左掌)은 동시에 팔을 밖으로 돌리며 손가락이 아래로 향하게 하여서, 우(右) 아래 방향으로 향하여 "밀쳐(推)" 나가고, 장심(掌心)이 비스듬히 위로 향한다. 눈은 양 장(掌)을 바라본다. (그림 59)

(그림 59)

요점

제1장의 제6동작인 폐문퇴월(閉門推月)과 같으나, 방향이 반대이다.

22. 새매가 하늘로 뚫고 들어가다 (左)

鷂子鑽天 (左)

왼발이 오른발 앞으로 향하여 1보를 성큼 나아가서, 양 발이 거꾸로 된 八(팔)자 보(步)가 된다. 신체는 따라서 우(右)로 돌린다. 좌장(左掌)은 동시에 오른팔 바깥을 지나 위로 향해 쳐들어 올리고, 장배(掌背 : 손등)가 밖으로 향한다. 우장(右掌)은 이에 따라서 샅 앞으로 향하여 아래로 내리고, 장심(掌心)이 밖으로 향한다. 눈은 좌장(左掌)을 바라본다. (그림 60 正) (그림 60 背)

요점

제3장의 제5동작인 요자찬천(鷂子鑽天)과 같으나, 방향이 반대이다.

(그림 60 正)

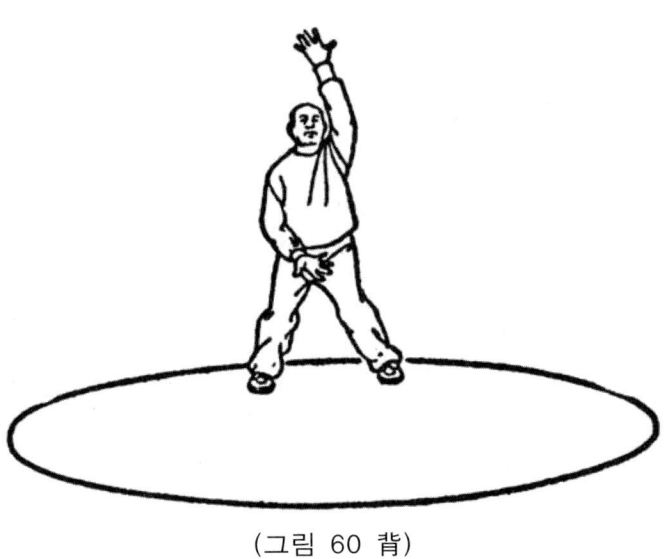

(그림 60 背)

23. 흰 뱀이 몸을 휘감다 (左)
白蛇纏身 (左)

양 발은 원래의 위치에서 움직이지 않고, 좌장(左掌)은 머리 위 방향에서 좌(左)로부터 앞으로 향하다 우(右)로 향하며 뒤로 향해 하나의 작은 동그라미를 휘젓고, 왼팔은 따라서 안으로 돌리며, 장심(掌心)이 위로 향하여서 탁장(托掌)이 된다. 신체는 동시에 우(右)로 돌린다. 우장(右掌)은 이에 따라서 삽 앞으로부터 오른쪽 과(胯)로 붙여서 "감돌아(繞)" 뒤쪽으로 향하여서 팔꿈치를 굽히고, 장심(掌心)이 밖으로 향한다. 눈은 오른쪽 어깨를 바라본다. (그림 61)

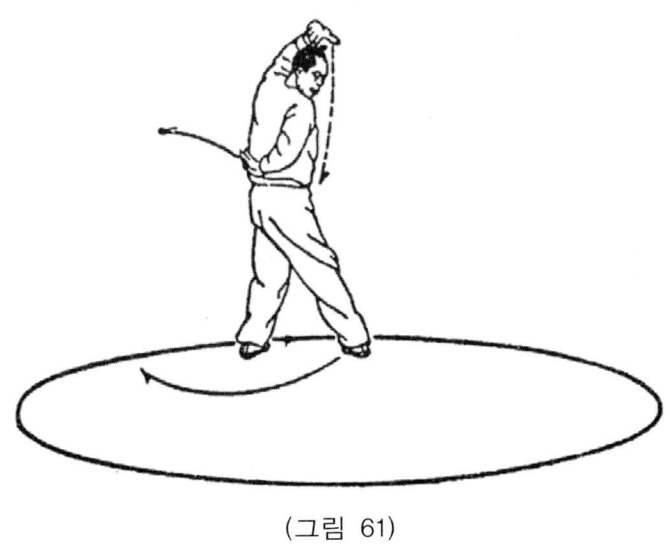

(그림 61)

요점

제3장의 제6동작인 백사전신(白蛇纏身)과 같으나, 방향이 반대이다.

24. 가슴속에 달을 품다 (右)
懷中抱月 (右)

오른발이 몸 뒤를 지나 좌측(左側)으로 향하여 1보를 물러나며, 상체는 따라서 우(右)로부터 뒤로 향하여 돌리고, 왼발은 발끝을 안으로 "꺾어 다잡고(扣)", 양 다리 모두 무릎을 굽히며 약간 웅크려 앉는다. 좌장(左掌)은 동시에 위로부터 가슴 앞을 지나 아래로 내려서, 왼쪽 허리 옆에 위치하고, 엄지가 뒤로 향하며, 부장(俯掌)이 된다. 우장(右掌)은 이에 따라서 뒤로부터 몸 앞으로 향하여 감돌며, 팔을 밖으로 돌려 엄지 외측이 위로 향하게 하고, 장심(掌心)이 안으로 향하며, "허리를 안아 품는(抱腰)" 모양을 취한다. 눈은 우장(右掌)을 바라본다. (그림 62)

(그림 62)

요점
제2장의 제9동작인 회중포월(懷中抱月)과 같으나, 방향이 반대이다.

25. 미녀가 글을 올리다 (左)
玉女獻書 (左)

왼발이 오른발 앞으로 향하여 반보(半步)를 성큼 나아간다. 좌장(左掌)은 동시에 오른팔 아래를 지나 앞으로 향하여 팔꿈치를 굽히며 "꿰뚫어(穿)" 나가서, 장심(掌心)이 위로 향한다. 우장(右掌)은 이에 따라서 팔을 안으로 돌리며 새끼손가락 외측이 위로 향하게 하고, 왼팔 위를 지나 팔꿈치를 굽히며 왼쪽 어깨 외측에 거두어들인다. 눈은 좌장(左掌)을 바라본다. (그림 63)

(그림 63)

요점
제3장의 제8동작인 옥녀헌서(玉女獻書)와 같으나, 방향이 반대이다.

26. 태산이 정수리를 내리 누르다 (左)
泰山壓頂 (左)

왼발 발끝을 안으로 "꺾어 돌리고(扣)", 오른발 발끝을 밖으로 벌리고, 상체는 우(右)로 돌려 동(東)으로 향한다. 좌장(左掌)은 동시에 좌(左)로부터 뒤로 향해 돌아서 머리 정수리 위 방향에 이르고, 장심(掌心)은 여전히 위로 향한다. 우장(右掌)은 이에 따라서 왼쪽 어깨 외측으로부터 배 앞으로 내려서, 장심(掌心)이 위로 향한다. 눈은 동(東)쪽 방향으로 향해 수평으로 바라본다. (그림 64)

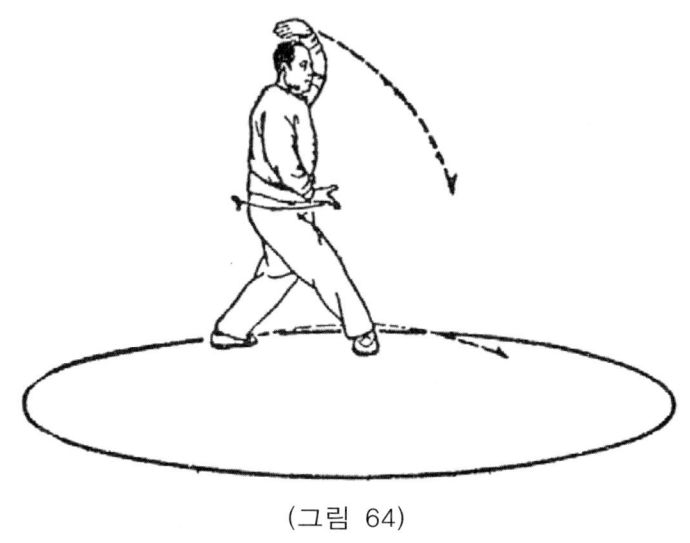

(그림 64)

요점

제3장의 제9동작인 태산압정(泰山壓頂)과 같으나, 방향이 반대이다.

27. 검은 곰이 등을 돌리다 (右)
黑熊反背 (右)

왼발이 오른발 앞으로 향하여 1보를 성큼 나아가며, 상체는 우(右)로 돌려 남(南)쪽으로 향하고, 양 다리는 무릎을 굽혀 마보(馬步)가 된다. 좌장(左掌)은 동시에 몸 앞을 지나 좌측(左側) 아래로 향하여 "억누르고

(按)", 장심(掌心)이 아래로 향한다. 우장(右掌)은 동시에 배 앞으로부터 우측(右側) 아래로 향하여 "억누르고(按)", 장심(掌心)이 아래로 향한다. 양 팔 모두 조금 굽힌다. 눈은 우장(右掌)을 바라본다. (그림 65)

(그림 65)

요점

제3장의 제10동작인 흑웅반배(黑熊反背)와 같으나, 방향이 반대이다.

28. 참매가 모이주머니를 파내다 (左)
黃鷹掏嗉 (左)

오른발 발끝을 밖으로 "벌리고(展)", 왼발 발끝을 안으로 "꺾어 돌리며(扣)", 상체는 우(右)로 돌린다. 우장(右掌)은 동시에 몸 앞에 들어 올리고, 좌장(左掌)은 곧 우장(右掌) 아래를 지나 몸 앞으로 향하여 팔꿈치를 굽히며 내밀어 나가서, 손가락이 위로 향하고, 장심(掌心)이 앞으로 향한다. 우장(右掌)은 좌장(左掌)이 내밀어 나간 후에, 팔꿈치를 굽히며 오른쪽 허리 옆에 내려서, 손가락이 앞으로 향하고, 장심(掌心)이 아래로 향한다. 눈은 좌장(左掌)을 바라본다. (그림 66)

(그림 66)

요점

제3장의 제11동작인 황응도소(黃鷹掐嗉)와 같으나, 방향이 반대이다.

29. 참매가 모이주머니를 파내다 (右)
黃鷹掐嗉 (右)

왼발이 오른발 앞으로 향하여 1보를 성큼 나아가고, 양 다리는 조금 굽힌다. 우장(右掌)은 동시에 좌장(左掌) 아래를 지나 팔꿈치를 굽히며 몸 앞으로 향하여 내밀어 나가서, 손가락이 위로 향하고, 장심(掌

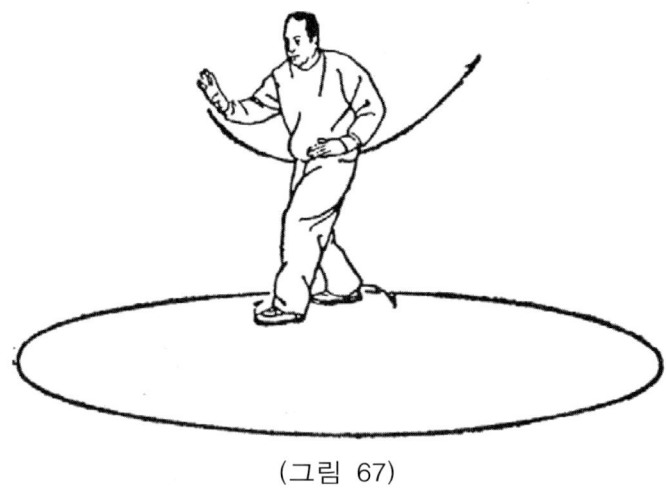

(그림 67)

心)이 앞으로 향한다. 좌장(左掌)은 동시에 팔꿈치를 굽히며 왼쪽 허리 옆에 거두어들여서, 손가락이 앞으로 향하고, 장심(掌心)이 아래로 향한다. 눈은 우장(右掌)을 바라본다. (그림 67)

요점

제3장의 제12동작인 황응도소(黃鷹搯嗉)와 같으나, 방향이 반대이다.

30. 원숭이가 과실을 따다 (右)
猿猴摘果 (右)

왼발 발끝을 안으로 "꺾어 돌리고(扣)", 오른발 발끝을 밖으로 "벌리고(展)", 상체는 따라서 우(右)로부터 뒤로 향하여 돌아서, 동북(東北)쪽으로 향한다. 우장(右掌)은 동시에 무명지와 새끼손가락을 굽혀 모으고, 엄지를 사용하여 단단히 누르며, 식지(食指)와 중지(中指)는 곧게 펴고, 몸 앞으로부터 아래로 내리며, 몸을 돌림에 따라서 우(右)로 향하여 팔꿈치를 굽혀 내밀어 나가서, 장심(掌心)이 위로 향한다.

(그림 68)

좌장(左掌)은 변동이 없고, 몸을 따라서 돌아 움직인다. 눈은 우장(右掌)을 바라본다. (그림 68)

요점

제3장의 제13동작인 원후적과(猿猴摘果)와 같으나, 방향이 반대이다.

31. 원숭이가 동굴에 앉다 (右)
猿猴坐洞 (右)

오른발이 반보(半步)를 물러나고, 발끝이 땅에 닿으며, 왼다리는 무릎을 굽혀 반쯤 웅크려 앉아서, 계등보(鷄蹬步)가 된다. 우장(右掌)은 동시에 거두어들여서, 오른쪽 어깨 곁에 멈춘다. 눈은 우장(右掌)을 바라본다. (그림 69)

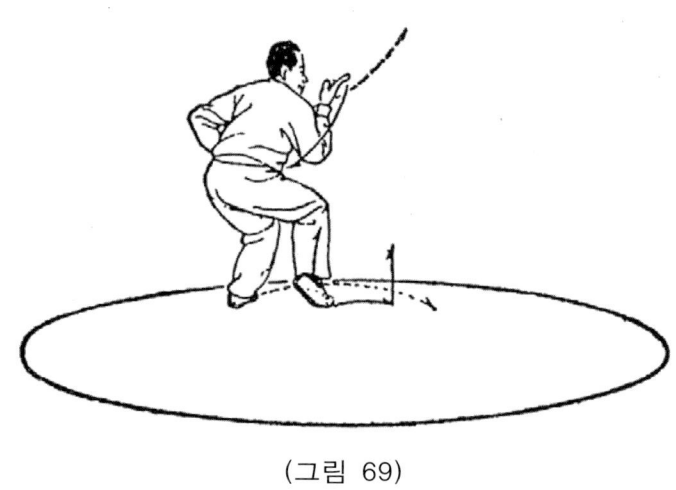

(그림 69)

요점

제3장의 제14동작인 원후좌동(猿猴坐洞)과 같으나, 방향이 반대이다.

32. 기린이 글을 토하다 (左)
麒麟吐書 (左)

오른발이 동(東)으로 향하여 반보(半步)를 나가고, 왼발이 잇따라 앞으로 1보를 나아간다. 오른발을 들어올리고, 왼다리 안쪽 옆에 바짝 가까이 대어서, 독립보(獨立步)가 된다. 좌장(左掌)은 동시에 오른팔 아래를 지나 앞쪽 위로 향하여 "꿰뚫어 찌르고(穿)", 장심(掌心)이 위로 향하며, 팔꿈치는 조금 굽힌다. 우장(右掌)은 동시에 무명지 새끼손가락 엄지를 풀어 펴며, 팔을 안으로 돌려 장심(掌心)이 아래로 향하게 하고, 앞으로부터 아래로 향하며 뒤로 향해 팔꿈치를 굽혀 거두어들여서, 허리 오른쪽 뒤 옆에 위치한다. 눈은 좌장(左掌)을 바라본다. (그림 70)

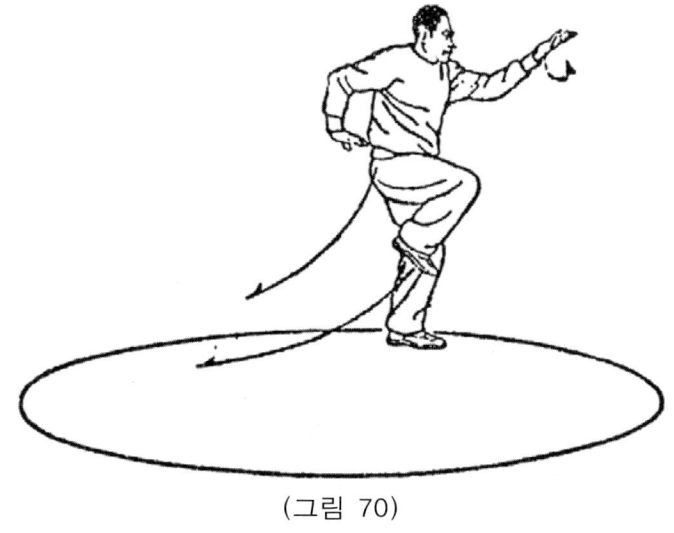

(그림 70)

요점
제3장의 제15동작인 기린토서(麒麟吐書)과 같으나, 방향이 반대이다.

33. 날쌘 제비가 물을 스치다 (右)
飛燕抄水 (右)

오른발이 몸 뒤로 향하여 보(步)를 내려 내어 뻗어 나가고, 발끝을 안으로 "꺾어 돌린다(扣)". 왼발 발끝은 동시에 안으로 꺾어 돌리며, 왼다리는 무릎을 굽혀 아래로 웅크려 앉아서, 복보(僕步)가 된다. 좌장(左掌)은 동시에 팔을 안으로 돌려 장배(掌背 : 손등)가 아래로 향하게 하며, 팔을 뒤집어 곧게 편다. 우장(右掌)은 바로 오른다리를 따라서 팔을 뒤집으며 내뻗어 나가며, 장심(掌心)을 뒤집어 위로 향한다. 상체는 앞으로 숙이고, 머리는 우(右)로 비틀어 돌리고, 눈은 우장(右掌)을 바라본다. (그림 71)

(그림 71)

요점
제3장의 제16동작인 비연초수(飛燕抄水)와 같으나, 방향이 반대이다.

34. 가슴속에 달을 품다 (右)
懷中抱月 (右)

상체는 곧게 펴며 일으키고, 오른발 발끝은 밖으로 벌리고, 왼발 발끝은 안으로 꺾어 돌리고, 양 다리는 조금 굽힌다. 좌장(左掌)은 팔꿈치를 굽히고 왼쪽 허리 옆에 위치하고, 엄지가 뒤로 향하여 부장(俯掌)이 된다. 우장(右掌)은 동시에 팔을 밖으로 돌려서 엄지 외측이 위로 향하게 하고, 팔꿈치를 굽혀 "허리를 안아 품는(抱腰)" 모양을 취한다. 눈은 우장(右掌)을 바라본다. (그림 72)

(그림 72)

요점

제2장의 제9동작인 회중포월(懷中抱月)과 같으나, 방향이 반대이다.

제4장(掌)

1. 잎 밑에 꽃을 감추다 (右)
   葉底藏花 (右)

왼발이 오른발의 앞 방향으로 향하여 1보를 성큼 나아가고, 발끝을 안으로 "꺾어 돌린다(扣)". 양 다리는 조금 굽힌다. 상체는 우(右)로 돌려서 북(北)쪽 방향으로 향한다. 우장(右掌)은 동시에 팔을 안으로 돌리며 엄지 외측이 아래로 향하게 하여서, 팔꿈치를 굽혀 우(右)로 향하여 평평하게 이끈다. 좌장(左掌)은 이에 따라서 팔을 밖으로 돌려 장심(掌心)이 위로 향하게 하며, 오른쪽 겨드랑이 아래로 "꿰뚫어 (穿)" 나간다. (그림 73)

(그림 73)

요점
제1장의 제3동작인 엽저장화(葉底藏花)와 같다.

2. 기러기가 무리 중에 뛰어나다 (左)
鴻雁出群 (左)

1. 양 발은 원래 위치에서 변동이 없고, 상체는 좌(左)로 돌린다. 좌장(左掌)은 오른팔 팔꿈치 아래로부터 신체의 좌(左) 위 방향으로 향하여 이동하여 돌며 위로 들어올려서, 머리와 같은 높이에 다다른다. 우장(右掌)은 동시에 팔을 밖으로 돌리며, 좌장(左掌)을 따라서 돌아 움직여서, 왼팔 팔꿈치 안쪽 옆에 위치하고, 양 장(掌)은 앙장(仰掌)이 된다. 눈은 좌장(左掌)을 바라본다. (그림 74)

(그림 74)

2. 앞의 동작이 멈추지 않고, 좌장(左掌)은 팔을 안으로 돌리며, 신체의 좌(左) 방향으로 향하여 돌아 움직여서, 수장(豎掌)이 된다. 우장(右掌)은 따라서 팔을 안으로 돌리며, 팔꿈치를 굽혀 좌측(左側) 아래로 향하여 "억눌러서(按)", 장심(掌心)이 아래로 향한다. 상체는 계속하여 좌(左)로 돌아 움직인다. 머리는 좌장(左掌)을 따라서 좌(左) 방향으로 향하여 비틀어 돌리고, 눈은 좌장(左掌)을 바라본다. (그림 75)

(그림 75)

3. 왼발 발끝을 밖으로 벌리고, 오른발이 보(步)를 나가며, 북(北)으로부터 시작하여 서(西)로 향하고 남(南)으로 향하고 동(東)으로 향하고 북(北)으로 향하여 동그라미를 따라서 한바퀴 걷는다. 북(北)쪽 방향의 원래 기점에 도착하여 (그림 75)와 같을 때에, 다시 다음 권식을 바꾸어 연결한다.

요점

제1장의 제4동작인 홍안출군(鴻雁出群)과 같다.

3. 제비처럼 날쌔게 후려쳐 막다 (右)
紫燕抛翦 (右)

오른발이 왼발 앞(西쪽 방향)으로 향하여 1보를 성큼 나아가고, 양발은 거꾸로 된 八(팔)자가 된다. 좌장(左掌)은 동시에 팔을 밖으로 돌리며, 엄지 외측이 위로 향하게 하여서, 오른팔 위를 거쳐 우측(右側)으로 향하여 "밀쳐(推)" 나가고, 장심(掌心)이 밖으로 향한다. 우장(右

掌)은 왼팔 아래에 내밀어서, 새끼손가락 외측이 비스듬히 위로 향한다. 양 장(掌)은 상하로 교차하며, 머리는 우(右)로 향하여 돌리고, 눈은 좌장(左掌)을 바라본다. (그림 76)

(그림 76)

요점

제1장의 제5동작인 자연포전(紫燕抛翦)과 같다.

4. 문을 닫아걸고 달을 받들다 (左)
閉門推月 (左)

왼발이 신체의 좌측(左側)으로 향하여 조금 이동하며, 발끝을 밖으로 벌리고, 상체는 조금 좌(左)로 향하여 돌린다. 좌장(左掌)은 동시에 팔을 안으로 돌리며 엄지 외측이 아래로 향하게 하여서, 우(右)로부터 좌(左)로 향하여 팔꿈치를 굽혀 이끌어 돌아와서, 장심(掌心)이 밖으로 향한다. 우장(右掌)은 동시에 팔을 밖으로 돌리며 손가락이 아래로 향하게 하여서, 좌(左) 아래 방향으로 향하여 "밀쳐(推)" 나가고, 장심(掌心)이 비스듬히 위로 향한다. 눈은 양 장(掌)을 바라본다. (그림 77)

(그림 77)

요점

제1장의 제6동작인 폐문퇴월(閉門推月)과 같다.

5. 금빛 닭이 날갯죽지를 펴다 (右)
錦鷄撒膀 (右)

좌장(左掌)이 팔을 안으로 돌리며 장심(掌心)이 아래로 향하고, 팔꿈치를 굽히며 왼쪽 허리 옆에 거두어들여서, 엄지가 뒤에 있고, 나머

(그림 78)

지 네 손가락은 앞에 있으며, 부장(俯掌)이 된다. 오른발은 동시에 서남(西南)방향으로 향하여 내밀어 나가고, 오른다리는 곧게 뻗는다. 왼발 발끝은 동시에 안으로 "꺾어 돌리고(扣)", 왼다리는 무릎을 굽혀 아래로 웅크려 앉는다. 우장(右掌)은 이에 따라서 오른다리와 같은 방향으로 가지런히 하며 팔을 뒤집어 내어 뻗고, 장심(掌心)을 뒤집어 위로 향한다. 머리는 우장(右掌)을 따라서 우(右)로 향하여 비틀어 돌리고, 상체는 앞으로 숙여 구부리며, 눈은 우장(右掌)을 바라본다. (그림78)

요점

제2장의 제6동작인 금계살방(錦鷄撒膀)과 같으나, 방향이 반대이다.

6. 남몰래 꽃을 옮겨 나무에 붙이다 (右)
移花接木 (右)

오른발 발끝을 밖으로 벌리며, 상체는 곧바르게 일으키고, 왼다리는 곧게 펴며, 왼발은 이에 좇아 반보(半步)를 나아간다. 우장(右掌)은

(그림 79)

팔을 밖으로 돌려서 장심(掌心)이 위로 향하게 하며, 아래에서 위로 "밀어 올려서(托起)", 앙장(仰掌)이 되고, 팔꿈치는 조금 굽힌다. 눈은 우장(右掌)을 바라본다. (그림 79)

요점

제2장의 제7동작인 이화접목(移花接木)과 같으나, 방향이 반대이다.

7. 뒤통수로 투구를 벗기다 (左)
腦後摘盔 (左)

1. 왼발이 오른발 앞쪽 방향으로 향하여 보(步)를 나가고, 발끝을 안으로 "꺾어 다잡고(扣)", 거꾸로 된 八(팔)자 보(步)가 된다. 신체는 동시에 우(右)로 돌린다. 좌장(左掌)은 팔을 밖으로 돌려서 장심(掌心)이 위로 향하게 하며, 허리 좌측(左側)으로부터 오른팔 아래를 지나서 우(右)로 향하여 "꿰뚫어(穿)" 나간다. 우장(右掌)의 위치는 변하지 않고, 양 팔은 상하로 교차한다. 눈은 우(右)로 향하여 수평으로 바라본다. (그림 80)

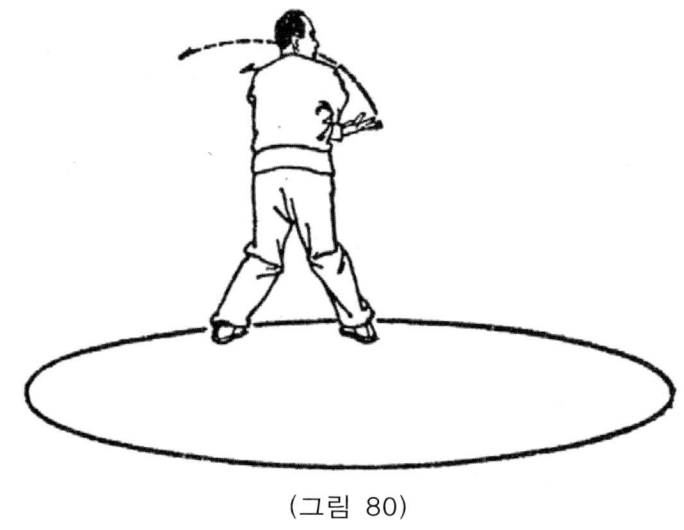

(그림 80)

2. 양 발은 움직이지 않고, 좌장(左掌)은 오른팔 아래를 지나 좌(左)로 향하며 위로 향해 비스듬히 벌여 놓으며 위로 쳐들어서, 장심(掌心)이 여전히 위로 향한다. 상체는 따라서 좌(左)로 돌리고, 우장(右掌)은 추세를 따라서 팔꿈치를 굽히며 왼팔 팔꿈치 안쪽 옆에 위치한다. 눈은 좌장(左掌)을 바라본다. (그림 81)

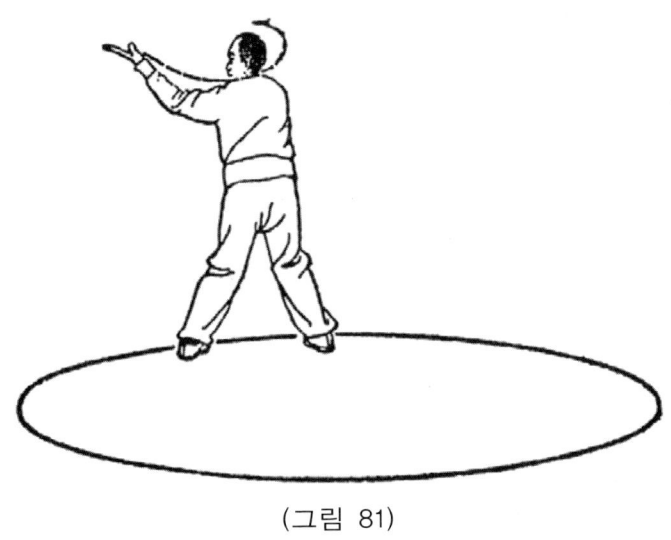

(그림 81)

(그림 82)

3. 앞의 동작이 멈추지 않고, 좌장(左掌)이 좌(左) 위 방향으로부터 팔꿈치를 굽히며 뒤통수로 향해 이동하여 돌려서, 뒤통수에 도달할 때, 머리 정수리 위 방향으로 향하여 받쳐들어 올린다. 우장(右掌)은 왼팔 팔꿈치 안쪽 옆으로부터 배 앞으로 내리고, 여전히 앙장(仰掌)이다. 양 눈은 수평으로 바라본다. (그림 82)

요점

제2장의 제8동작인 뇌후적회(腦後摘盔)와 같으나, 방향이 반대이다.

8. 촉나라 길에 구름이 걸려 있다 (左)
蜀道橫雲 (左)

오른발 발끝을 밖으로 벌리고, 왼발이 오른발 앞 방향으로 향하여 1보를 성큼 나아가고, 오른다리는 뒤로 앉는다. 좌장(左掌)은 동시에 머리 정수리 위 방향으로부터 팔꿈치를 굽히며 상체의 좌(左) 앞 방향으로 향하여 아래로 "억누르고(按)", 장배(掌背)가 위로 향하며, 횡장

(그림 83)

(橫掌)이 된다. 우장(右掌)은 동시에 팔을 안으로 돌리며 장심(掌心)이 아래로 향하게 하여서, 우측(右側) 허리로 이동한다. 눈은 좌장(左掌)을 바라본다. (그림 83)

요점

좌장(左掌)의 손목관절은 "단단히 죄어 다잡고(緊扣)", 왼발과 상하로 서로 마주한다.

9. 금빛 닭이 날갯죽지를 펴다 (右)
錦鷄撒膀 (右)

좌장(左掌)이 팔꿈치를 굽히며 왼쪽 허리 옆으로 거두어들이고, 엄지가 뒤에 있고, 나머지 네 손가락은 앞에 있으며, 부장(俯掌)이 된다. 오른발은 동시에 서남(西南)방향으로 향하여 내밀어 나가고, 오른다리는 곧게 뻗는다. 왼발 발끝은 동시에 안으로 "꺾어 돌리고(扣)", 왼다리는 무릎을 굽혀 아래로 웅크려 앉는다. 우장(右掌)은 이에 따라서 오른다리와 같은 방향으로 가지런히 하며 팔을 뒤집어 내어 뻗고, 장

(그림 84)

심(掌心)을 뒤집어 위로 향한다. 머리는 우장(右掌)을 따라서 우(右)로 향하여 비틀어 돌리고, 상체는 앞으로 숙여 구부리며, 눈은 우장(右掌)을 바라본다. (그림 84)

요점

제2장의 제6동작인 금계살방(錦鷄撒膀)과 같으나, 방향이 반대이다.

10. 남몰래 꽃을 옮겨 나무에 붙이다 (右)
移花接木 (右)

오른발 발끝을 밖으로 벌리며, 상체는 곧바르게 일으키고, 왼다리는 곧게 펴며, 왼발은 이에 쫓아 반보(半步)를 나아간다. 우장(右掌)은 팔을 밖으로 돌려서 장심(掌心)이 위로 향하게 하며, 아래에서 위로 "밀어 올려서(托起)", 앙장(仰掌)이 되고, 팔꿈치는 조금 굽힌다. 눈은 우장(右掌)을 바라본다. (그림 85)

(그림 85)

요점

제2장의 제7동작인 이화접목(移花接木)과 같으나, 방향이 반대이다.

11. 검은 용이 허리를 휘감다 (左)
烏龍纏腰 (左)

1. 왼발이 오른발 앞으로 향하여 1보를 성큼 나아가고, 발끝을 안으로 "꺾어 돌리고(扣)", 양 발은 거꾸로 된 八(팔)자보가 된다. 좌장(左掌)은 동시에 팔을 밖으로 돌리며 장심(掌心)이 위로 향하게 하여서, 오른팔 아래를 거쳐 위로 향하여 팔꿈치를 굽히며 "받쳐들어 올리고(托起)", 손가락이 뒤로 향한다. 우장(右掌)은 동시에 팔꿈치를 굽히며 왼팔 팔꿈치 안쪽 옆으로 거두어들이고, 상체는 이에 따라서 우(右)로 돌린다. 눈은 좌장(左掌)을 바라본다. (그림 86)

(그림 86)

2. 앞의 동작이 멈추지 않고, 좌장(左掌)이 좌측(左側)으로부터 머리 뒤를 지나 잇달아 우측(右側)으로 향하고, 엄지 외측(外側)이 아래로 향한다. 상체는 이에 따라서 우(右)로 향하여 비틀어 돌리고, 양 발은 이동하지 않는다. 우장(右掌)은 동시에 몸 앞을 지나 배 부위를 거쳐 팔꿈치를 굽히며 몸 뒤로 감싸고돌아서, 장배(掌背)는 몸에 바짝

103

붙이고, 엄지 외측이 위로 향한다. 머리는 우(右)로 돌리고, 눈은 오른 팔 팔꿈치를 바라본다. (그림 87)

(그림 87)

요점

좌장(左掌)을 위로 "받쳐 들(托)" 때에, 왼팔은 굽혀야 하고, 왼손 손목은 바짝 잡아당겨 굽혀야 하며, 양 다리는 구부리고, 양 무릎은 안으로 향하여 "단단히 죄어 다잡아야(緊扣)" 하며, 가슴은 "안으로 함축해야(內涵)" 한다. 우장(右掌)이 허리를 감싸 돌 때에, 양 어깨 관절은 느슨하게 하여서 유연하여 원활해야 하고, 양 장(掌)은 몸을 돌리는 동작과 협조하여 일치해야 한다.

12. 잽싸게 산채로 끼워 잡다 (右)
走馬活挾 (右)

오른발이 동(東)쪽으로 향하여 반보(半步)를 나아가고, 상체는 앞으로 이동하며, 우장(右掌)은 동시에 뒤쪽으로부터 몸 앞으로 향하여 팔꿈치를 굽히며 위로 들어올려서, 장심(掌心)이 안으로 향하고, 손가락은 위로 향한다. 좌장(左掌)은 이에 따라서 위로부터 팔꿈치를 굽히며 가슴 앞으로 향해 아래로 "억누르고(按)", 엄지 외측이 안으로 향한다. 눈은 우장(右掌)을 바라본다. (그림 88)

(그림 88)

요점

우장(右掌)은 머리보다 조금 높고, 좌장(左掌)은 오른팔 팔꿈치와 상하로 서로 마주하며, 양 팔 모두 굽혀서 호형(弧形)을 이룬다. 어깨와 과(胯)는 느슨해야 하고, 양 장(掌)은 "힘을 들여야(用力)" 한다.

13. 걸음을 나가며 옷을 걷어 올리다 (左)
行步撩衣 (左)

오른발 발끝을 안으로 "꺾어 다잡고(扣)", 상체는 좌(左)로 돌리며, 왼발은 반보(半步)를 내밀어서, 왼다리는 곧게 뻗어 펴고, 오른다리는 무릎을 굽힌다. 우장(右掌)은 팔꿈치를 굽히며 몸 앞을 지나 아래로 내려서, 배 부위 우측(右側)에 멈추고, 장심(掌心)이 아래로 향하며, 부장

(俯掌)이 된다. 좌장(左掌)은 몸 앞으로부터 아래로 향하다 좌(左)로 향해 팔을 뒤집으며 위로 "걷어 올리고(撩)", 장심(掌心)을 뒤집어 위로 향한다. 눈은 좌장(左掌)을 바라본다. (그림 89 正) (그림 89 背)

(그림 89 正)

(그림 89 背)

요점

전신의 중량은 오른다리에 있고, 상체는 앞으로 숙인다.

14. 산을 밀어 바다로 들어가다 (右)
推山入海 (右)

왼팔 아래팔뚝을 밖으로 돌리고, 좌장(左掌)은 팔꿈치를 굽히며 아래로 향하다 안으로 향하고 위로 향해 "받쳐들어 올려서(托起)", 장심(掌心)이 위로 향하고, 손가락은 앞으로 향한다. 왼발 발끝은 밖으로 벌리고, 상체는 좌(左)로 돌린다. 오른발은 이에 따라서 왼발 앞으로 향하여 1보를 성큼 나아가고, 양 다리는 무릎을 굽혀 약간 웅크려 앉는다. 우장(右掌)은 동시에 몸 앞으로 향하여 평평하게 뻗어 "밀쳐(推)" 나가서, 손가락이 위로 향하고, 팔꿈치는 조금 굽힌다. 눈은 우장(右掌)을 바라본다. (그림 90)

(그림 90)

요점

동작은 협조되어야 하고, 양 어깨는 느슨해야 하며, 우장(右掌)의 손가락은 높이가 눈썹과 같고, 좌장(左掌)은 머리보다 조금 높다. 장(掌)을 밀쳐 나갈 때 오른손 손목은 반드시 단단히 굽힌다.

15. 박쥐가 땅에 내리다 (右)
蝙蝠落地 (右)

1. 오른발이 왼발 뒤쪽 방향으로 향하여 1보를 물러나고, 양 다리는 무릎을 굽혀 헐보(歇步)가 되어서, 왼다리는 오른다리 위에 덮어 누르고, 오른발은 발꿈치가 땅에서 떨어져 들어 올린다. 우장(右掌)은 동시에 위로 향하여 팔꿈치를 굽히며 "받쳐들어 올리고(托起)", 손목 관절은 약간 밖으로 돌려서, 엄지가 얼굴로 향하고, 장심(掌心)이 위로 향한다. 좌장(左掌)은 이에 따라서 오른팔 팔꿈치 안쪽 옆에 내리고, 눈은 우장(右掌)을 바라본다. (그림 91)

(그림 91)

2. 우장(右掌)은 밖으로 향하다 앞으로 향하고 안으로 향하여 손목을 돌리며 평평하게 한 바퀴를 빙 돌리고, 즉시 팔을 뒤집으며 앞으로 향해 평평하게 내밀어 걷어 올려 나가고, 장심(掌心)은 뒤집어 위로 향한다. 양 다리는 이에 따라서 아래로 가라앉히고, 좌장(左掌)은 동시에 몸 뒤로 향하여 팔을 뒤집으며 내밀어 나가고, 장심(掌心)은 뒤집어 위로 향한다. 눈은 우장(右掌)을 바라본다. (그림 92)

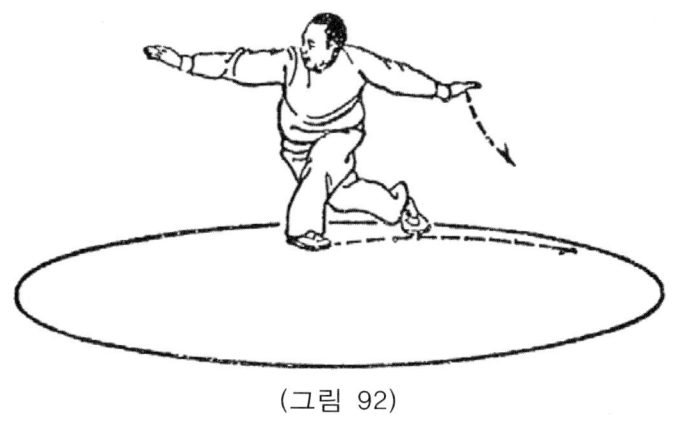

(그림 92)

요점

헐보(歇步)가 될 때, 왼발 발끝은 반드시 밖으로 벌리고, 양 다리는 "단단히 바짝 접근하며(靠緊)", 우장(右掌)은 높이가 머리와 같다. 우장(右掌)을 평평하게 빙 돌릴 때, 반드시 손목관절로써 축(軸)으로 삼아 돌아 움직이고, 뒤집어 "걷어 올린(撩)" 후, 장(掌)은 높이가 오른쪽 어깨를 조금 넘는다.

16. 날쌘 제비가 물을 스치다 (左)
飛燕抄水 (左)

왼발이 동(東)쪽으로 향하여 다리가 내어 뻗어 나가게 하고, 발끝을

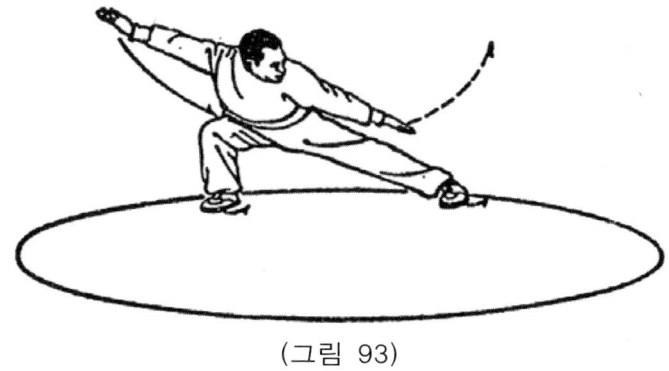

(그림 93)

109

안으로 "꺾어 돌린다(扣)". 오른발 발꿈치는 땅에 내려 실하게 밟고, 보법(步法)은 안정되어 묵직하다. 좌장(左掌)은 추세에 따라서 팔을 곧게 펴며 아래로 가라앉는다. 머리는 좌(左)로 돌리고, 눈은 좌장(左掌)을 바라본다. (그림 93)

요점

전신의 중량은 오른다리에 앉힌다.

17. 가슴속에 달을 품다 (左)
懷中抱月 (左)

상체는 곧게 펴며 일으키고, 왼발 발끝은 조금 밖으로 벌리고, 오른발은 따라서 앞으로 반보(半步)를 이동하고, 양 다리는 조금 굽힌다. 우장(右掌)은 동시에 팔꿈치를 굽히며 오른쪽 허리 옆에 거두어들이고, 손가락이 앞으로 향하고, 장심(掌心)이 아래로 향한다. 좌장(左掌)은 따라서 팔을 밖으로 돌려 엄지 외측이 위로 향하게 하고, 장심(掌心)이 안으로 향하며, 팔꿈치를 굽혀 둘러 싸서, "허리를 안아 품는(抱腰)" 모양을 취한다. 눈은 좌장(左掌)을 바라본다. (그림 94)

(그림 94)

요점

제2장의 제9동작인 회중포월(懷中抱月)과 같다.

18. 잎 밑에 꽃을 감추다 (左)
   葉底藏花 (左)

오른발이 왼발의 앞 방향으로 향하여 1보를 성큼 나아가고, 발끝을 안으로 "꺾어 돌린다(扣)". 양 다리는 조금 굽힌다. 상체는 좌(左)로 돌려서 북(北)쪽 방향으로 향한다. 좌장(左掌)은 동시에 팔을 안으로 돌려서 엄지의 외측이 아래로 향하게 하고, 팔꿈치를 굽혀 좌(左)로 향하여 평평하게 이끈다. 우장(右掌)은 이에 따라서 팔을 밖으로 돌려 장심(掌心)이 위로 향하게 하며, 왼쪽 겨드랑이 아래로 향하여 "꿰뚫어(穿)" 나간다. (그림 95)

(그림 95)

요점

제1장의 제3동작인 엽저장화(葉底藏花)와 같으나, 방향이 반대이다.

19. 기러기가 무리 중에 뛰어나다 (右)
   鴻雁出群 (右)

1. 양 발은 원래 위치에서 변동이 없고, 상체는 우(右)로 돌린다. 우장(右掌)은 왼팔 팔꿈치 아래로부터 신체의 우(右) 위 방향으로 향해 이동하여 돌며 위로 들어올려서, 머리와 같은 높이에 다다른다. 좌장(左掌)은 동시에 팔을 밖으로 돌리며, 우장(右掌)을 따라서 돌아 움직여서, 오른팔 팔꿈치 안쪽 옆에 위치하고, 양 장(掌)은 앙장(仰掌)이 된다. 눈은 우장(右掌)을 바라본다. (그림 96)

(그림 96)

2. 앞의 동작이 멈추지 않고, 우장(右掌)은 팔을 안으로 돌리며, 신체의 우(右) 방향으로 향하여 돌아 움직여서, 수장(豎掌)이 된다. 좌장(左掌)은 따라서 팔을 안으로 돌리며, 팔꿈치를 굽혀 우측(右側) 아래로 향하여 "억눌러서(按)", 장심(掌心)이 아래로 향한다. 상체는 계속하여 우(右)로 돌아 움직인다. 머리는 우장(右掌)을 따라서 우(右) 방향으로 향하여 비틀어 돌리고, 눈은 우장(右掌)을 바라본다. (그림 97)

(그림 97)

3. 오른발 발끝을 밖으로 벌리고, 왼발이 보(步)를 나가며, 북(北)으로부터 시작하여 동(東)으로 향하고 남(南)으로 향하고 서(西)로 향하고 북(北)으로 향하여 동그라미를 따라서 한바퀴 걷는다. 북(北)쪽 방향의 원래 기점에 도착하여 (그림 97)과 같을 때에, 다시 다음 권식을 바꾸어 연결한다.

요점

제1장의 제4동작인 홍안출군(鴻雁出群)과 같으나, 방향이 반대이다.

20. 제비처럼 날쌔게 후려쳐 막다 (左)
紫燕抛翦 (左)

왼발이 오른발 앞(東쪽 방향)으로 향하여 1보를 성큼 나아가고, 양발은 거꾸로 된 八(팔)자 보(步)가 된다. 우장(右掌)은 동시에 팔을 밖으로 돌리며, 엄지 외측이 위로 향하게 하여서, 왼팔 위를 거쳐 좌측(左側)으로 향하여 "밀쳐(推)" 나가고, 장심(掌心)이 밖으로 향한다.

좌장(左掌)은 오른팔 아래에 내밀어서, 새끼손가락 외측이 비스듬히 위로 향한다. 양 장(掌)은 상하로 교차한다. 머리는 좌(左)로 향하여 돌리고, 눈은 우장(右掌)을 바라본다. (그림 98)

(그림 98)

요점

제1장의 제5동작인 자연포전(紫燕抛翦)과 같으나, 방향이 반대이다.

21. 문을 닫아걸고 달을 받들다 (右)
閉門推月 (右)

오른발이 신체의 우측(右側)으로 향하여 조금 이동하며, 발끝을 밖으로 벌린다. 상체는 조금 우(右)로 향하여 돌린다. 우장(右掌)은 동시에 팔을 안으로 돌리며 엄지 외측이 아래로 향하게 하여서, 좌(左)로부터 우(右)로 향하여 팔꿈치를 굽혀 이끌어 돌아와서, 장심(掌心)이 밖으로 향한다. 좌장(左掌)은 동시에 팔을 밖으로 돌리며 손가락이 아래로 향하게 하여서, 우(右) 아래 방향으로 향하여 "밀쳐(推)" 나가고, 장심(掌心)이 비스듬히 위로 향한다. 눈은 양 장(掌)을 바라본다. (그림 99)

(그림 99)

요점

제1장의 제6동작인 폐문퇴월(閉門推月)과 같으나, 방향이 반대이다.

22. 금빛 닭이 날갯죽지를 펴다 (左)

錦鷄撒膀 (左)

우장(右掌)이 팔을 안으로 돌리며 장심(掌心)이 아래로 향하고, 팔꿈치를 굽히며 오른쪽 허리 옆에 거두어들여서, 엄지가 뒤에 있고, 나머지 네 손가락은 앞에 있으며, 부장(俯掌)이 된다. 왼발은 동시에 동남

(그림 100)

(東南)방향으로 향하여 내밀어 나가고, 왼다리는 곧게 뻗는다. 오른발 발끝은 동시에 안으로 "꺾어 돌리고(扣)", 오른다리는 무릎을 굽혀 아래로 웅크려 앉는다. 좌장(左掌)은 이에 따라서 왼다리와 같은 방향으로 가지런히 하며 팔을 뒤집어 내어 뻗고, 장심(掌心)은 뒤집어 위로 향한다. 머리는 좌장(左掌)을 따라서 좌(左)로 향하여 비틀어 돌리고, 상체는 앞으로 숙여 구부리며, 눈은 좌장(左掌)을 바라본다. (그림100)

요점

제2장의 제6동작인 금계살방(錦鷄撒膀)과 같다.

23. 남몰래 꽃을 옮겨 나무에 붙이다 (左)
移花接木 (左)

왼발 발끝을 밖으로 벌리며, 상체는 곧바르게 일으키고, 오른다리는 곧게 펴며, 오른발은 이에 쫓아 반보(半步)를 나아간다. 좌장(左掌)은 팔을 밖으로 돌려서 장심(掌心)이 위로 향하게 하며, 아래에서 위

(그림 101)

로 "밀어 올려서(托起)", 앙장(仰掌)이 되고, 팔꿈치는 조금 굽힌다. 눈은 좌장(左掌)을 바라본다. (그림 101)

요점

제2장의 제7동작인 이화접목(移花接木)과 같다.

24. 뒤통수로 투구를 벗기다 (右)
腦後摘盔 (右)

1. 오른발이 왼발 앞쪽 방향으로 향하여 보(步)를 나가고, 발끝을 안으로 "꺾어 다잡고(扣)", 거꾸로 된 八(팔)자 보(步)가 된다. 신체는 동시에 좌(左)로 돌린다. 우장(右掌)은 팔을 밖으로 돌려서 장심(掌心)이 위로 향하게 하며, 허리 우측(右側)으로부터 왼팔 아래를 지나서 좌(左)로 향하여 "꿰뚫어(穿)" 나간다. 좌장(左掌)의 위치는 변하지 않고, 양 팔은 상하로 교차한다. (그림 102)

(그림 102)

2. 양 발은 움직이지 않고, 우장(右掌)은 왼팔 아래를 지나 우(右)로 향하며 위로 향해 비스듬히 벌여 놓으며 위로 쳐들어서, 장심(掌心)이 여전히 위로 향한다. 상체는 따라서 우(右)로 돌린다. 좌장(左掌)은 추세를 따라서 팔꿈치를 굽히며 오른팔 팔꿈치 안쪽 옆에 위치한다. 눈은 우장(右掌)을 바라본다. (그림 103)

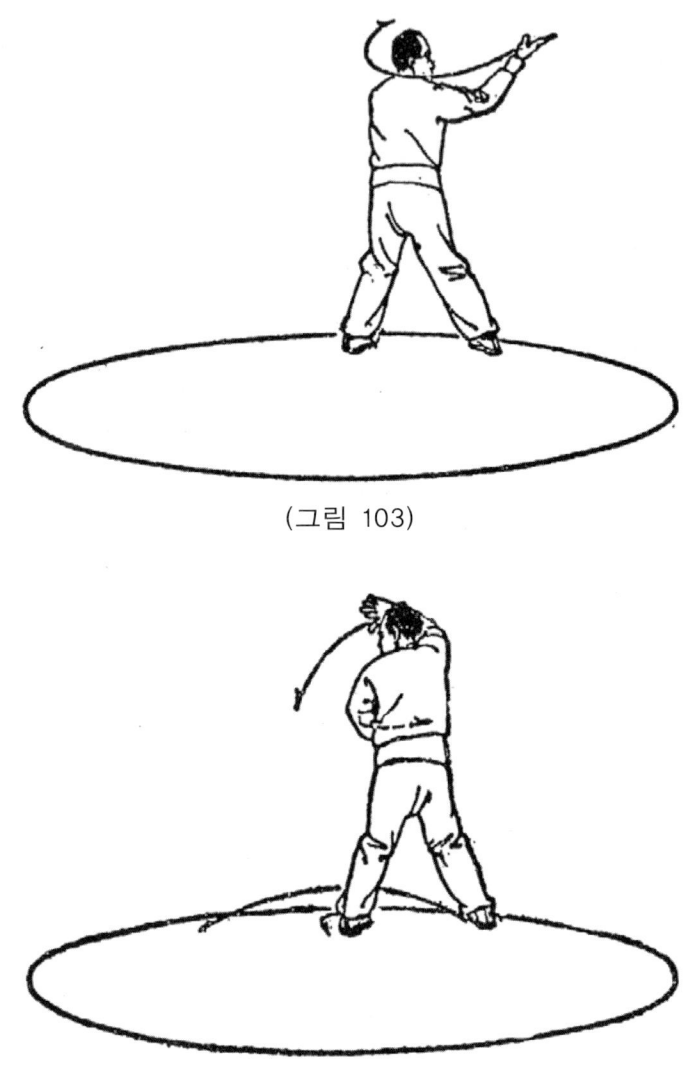

(그림 103)

(그림 104)

3. 앞의 동작이 멈추지 않고, 우장(右掌)이 우(右) 위 방향으로부터 팔꿈치를 굽히며 뒤통수로 향하여 이동하며 돌려서, 뒤통수에 도달할 때, 머리 정수리 위 방향으로 향하여 받쳐들어 올린다. 좌장(左掌)은 오른팔 팔꿈치 안쪽 옆으로부터 배 앞으로 내리고, 여전히 앙장(仰掌)이다. 양 눈은 수평으로 바라본다. (그림 104)

요점

제2장의 제8동작인 뇌후적회(腦後摘盔)와 같다.

25. 촉나라 길에 구름이 걸려 있다 (右)
蜀道橫雲 (右)

왼발 발끝을 밖으로 벌리고, 오른발이 왼발 앞 방향으로 향하여 1보를 성큼 나아가고, 왼다리는 뒤로 앉는다. 우장(右掌)은 동시에 머리 정수리 위 방향으로부터 팔꿈치를 굽히며 상체의 우(右) 앞 방향으로 향하여 아래로 "억누르고(按)", 장배(掌背)가 위로 향하며, 횡장(橫掌)이 된다. 좌장(左掌)은 동시에 팔을 안으로 돌리며 장심(掌心)이 아래

(그림 105)

로 향하게 하여서, 좌측(左側) 허리로 이동한다. 눈은 우장(右掌)을 바라본다. (그림 105)

요점

제4장의 제8동작인 촉도횡운(蜀道橫雲)과 같으나, 방향이 반대이다.

26. 금빛 닭이 날갯죽지를 펴다 (左)
錦鷄撒膀 (左)

우장(右掌)이 팔꿈치를 굽히며 오른쪽 허리 옆으로 거두어들이고, 엄지가 뒤에 있고, 나머지 네 손가락은 앞에 있으며, 부장(俯掌)이 된다. 왼발은 동시에 동남(東南)방향으로 향하여 내밀어 나가고, 왼다리는 곧게 뻗는다. 오른발 발끝은 동시에 안으로 "꺾어 돌리고(扣)", 오른다리는 무릎을 굽혀 아래로 웅크려 앉는다. 좌장(左掌)은 이에 따라서 왼다리와 같은 방향으로 가지런히 하며 팔을 뒤집어 내어 뻗고, 장심(掌心)은 뒤집어 위로 향한다. 머리는 좌장(左掌)을 따라서 좌(左)로 향하여 돌리고, 상체는 앞으로 숙여 구부리며, 눈은 좌장(左掌)을 바라본다. (그림 106)

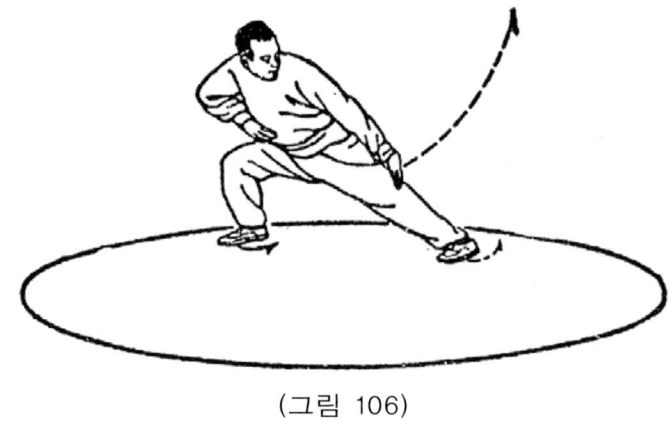

(그림 106)

요점

제2장의 제6동작인 금계살방(錦鷄撒膀)과 같다.

27. 남몰래 꽃을 옮겨 나무에 붙이다 (左)
移花接木 (左)

왼발 발끝을 밖으로 벌리며, 상체는 곧바르게 일으키고, 오른다리는 곧게 펴며, 오른발은 이에 쫓아 반보(半步)를 나아간다. 좌장(左掌)은 팔을 밖으로 돌려서 장심(掌心)이 위로 향하게 하며, 아래에서 위로 "밀어 올려서(托起)", 앙장(仰掌)이 되고, 팔꿈치는 조금 굽힌다. 눈은 좌장(左掌)을 바라본다. (그림 107)

(그림 107)

요점

제2장의 제7동작인 이화접목(移花接木)과 같다.

28. 검은 용이 허리를 휘감다 (右)
烏龍纏腰 (右)

1. 오른발이 왼발 앞으로 향하여 1보를 성큼 나아가고, 발끝을 안으로 "꺾어 돌리고(扣)", 양 발은 거꾸로 된 八(팔)자 보가 된다. 우장(右掌)은 동시에 팔을 밖으로 돌리며 장심(掌心)이 위로 향하게 하여서, 왼팔 아래를 거쳐 위로 향하여 팔꿈치를 굽히며 "받쳐들어 올리고(托起)", 손가락이 뒤로 향한다. 좌장(左掌)은 동시에 팔꿈치를 굽히며 오른팔 팔꿈치 안쪽 옆으로 거두어들이고, 상체는 이에 따라서 좌(左)로 돌린다. 눈은 우장(右掌)을 바라본다. (그림 108)

(그림 108)

2. 앞의 동작이 멈추지 않고, 우장(右掌)이 우측(右側)으로부터 머리 뒤를 지나 잇달아 좌측(左側)으로 향하고, 엄지 외측(外側)이 아래로 향한다. 상체는 이에 따라서 좌(左)로 향하여 비틀어 돌리고, 양 발은 이동하지 않는다. 좌장(左掌)은 동시에 몸 앞을 지나 배 부위를 거쳐 팔꿈치를 굽히며 몸 뒤로 감싸고돌아서, 장배(掌背)는 몸에 바짝

붙이고, 엄지 외측이 위로 향한다. 머리는 좌(左)로 돌리고, 눈은 왼팔 팔꿈치를 바라본다. (그림 109)

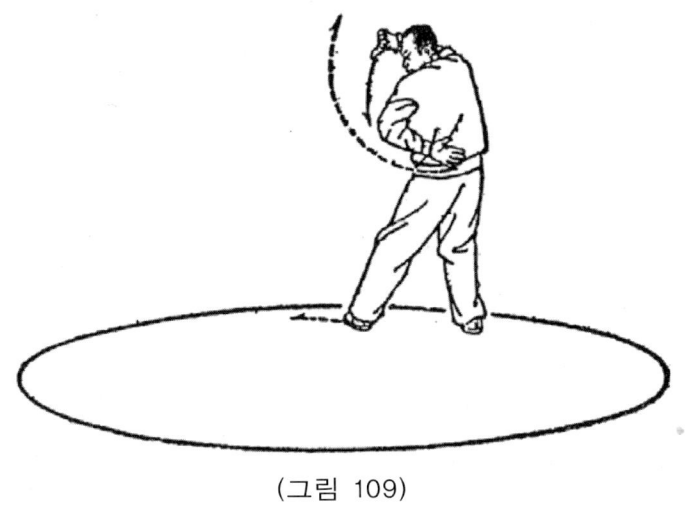

(그림 109)

요점

제4장의 제11동작인 오룡전요(烏龍纏腰)와 같으나, 방향이 반대이다.

29. 잽싸게 산채로 끼워 잡다 (左)
走馬活挾 (左)

왼발이 서(西)쪽으로 향하여 반보(半步)를 나아가고, 상체는 앞으로 이동하며, 좌장(左掌)은 동시에 뒤쪽으로부터 몸 앞으로 향하여 팔꿈치를 굽히며 위로 들어올려서, 장심(掌心)이 안으로 향하고, 손가락은 위로 향한다. 우장(右掌)은 이에 따라서 위로부터 팔꿈치를 굽히며 가슴 앞으로 향해 아래로 "억누르고(按)", 엄지 외측이 안으로 향한다. 눈은 좌장(左掌)을 바라본다. (그림 110)

(그림 110)

요점

제4장의 제12동작인 주마활협(走馬活挾)과 같으나, 방향이 반대이다.

30. 걸음을 나가며 옷을 걷어 올리다 (右)
行步撩衣 (右)

왼발 발끝을 안으로 "꺾어 다잡고(扣)", 상체는 우(右)로 돌리며, 오른발은 반보(半步)를 내밀어서, 오른다리는 곧게 뻗어 펴고, 왼다리는

(그림 111)

무릎을 굽힌다. 좌장(左掌)은 팔꿈치를 굽히며 몸 앞을 지나 아래로 내려서, 배 부위 좌측(左側)에 멈추고, 장심(掌心)이 아래로 향하며, 부장(俯掌)이 된다. 우장(右掌)은 몸 앞으로부터 아래로 향하다 우(右)로 향해 팔을 뒤집으며 위로 걷어 올리고, 장심(掌心)을 뒤집어 위로 향한다. 눈은 우장(右掌)을 바라본다. (그림 111)

요점
제4장의 제13동작인 행보요의(行步撩衣)와 같으나, 방향이 반대이다.

31. 산을 밀어 바다로 들어가다 (左)
推山入海 (左)

우장(右掌)은 팔꿈치를 굽히며 아래로 향하다 안으로 향하고 위로 향해 "받쳐들어 올려서(托起)", 장심(掌心)이 위로 향하고, 손가락은 앞으로 향한다. 오른발 발끝은 밖으로 벌리고, 상체는 우(右)로 돌린다. 왼발은 이에 따라서 오른발 앞으로 향하여 1보를 성큼 나아가고, 양 다리는 무릎을 굽혀 약간 웅크려 앉는다. 좌장(左掌)은 동시에 몸

(그림 112)

앞으로 향하여 평평하게 뻗어 "밀쳐(推)" 나가서, 손가락이 위로 향하고, 팔꿈치는 조금 굽힌다. 눈은 좌장(左掌)을 바라본다. (그림 112)

요점

제4장의 제14동작인 퇴산입해(推山入海)와 같으나, 방향이 반대이다.

32. 박쥐가 땅에 내리다 (左)
蝙蝠落地 (左)

1. 왼발이 오른발 뒤쪽 방향으로 향하여 1보를 물러나고, 양 다리는 무릎을 굽혀 헐보(歇步)가 되어서, 오른다리는 왼다리 위에 덮어 누르고, 왼발은 발꿈치가 땅에서 떨어져 들어 올린다. 좌장(左掌)은 동시에 위로 향하여 팔꿈치를 굽히며 "받쳐들어 올리고(托起)", 손목 관절은 약간 밖으로 돌려서, 엄지가 얼굴로 향하고, 장심(掌心)이 위로 향한다. 우장(右掌)은 이에 따라서 왼팔 팔꿈치 안쪽 옆에 내리고, 눈은 좌장(左掌)을 바라본다. (그림 113)

(그림 113)

2. 좌장(左掌)은 밖으로 향하다 앞으로 향하고 안으로 향하여 손목을 돌리며 평평하게 한 바퀴를 빙 돌리고, 즉시 팔을 뒤집으며 앞으로 향해 평평하게 내밀어 "걷어 올려(撩)" 나가고, 장심(掌心)은 뒤집어 위로 향한다. 양 다리는 이에 따라서 아래로 가라앉히고, 우장(右掌)은 동시에 몸 뒤로 향하여 팔을 뒤집으며 내밀어 나가서, 장심(掌心)은 뒤집어 위로 향한다. 눈은 좌장(左掌)을 바라본다. (그림 114)

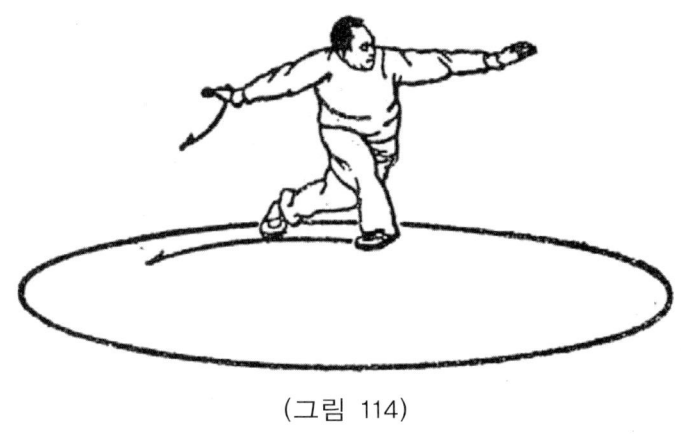

(그림 114)

요점

제4장의 제15동작인 편복낙지(蝙蝠落地)와 같으나, 방향이 반대이다.

33. 날쌘 제비가 물을 스치다 (右)
飛燕抄水 (右)

오른발이 서(西)쪽으로 향하며 다리를 곧게 뻗어 내밀어 나가고, 발끝을 안으로 "꺾어 돌린다(扣)". 왼발 발꿈치는 땅에 내려 실하게 밟고, 보법(步法)은 안정되어 묵직하다. 우장(右掌)은 추세에 따라서 팔을 곧게 펴며 아래로 가라앉는다. 머리는 우(右)로 돌리고, 눈은 우장(右掌)을 바라본다. (그림 115)

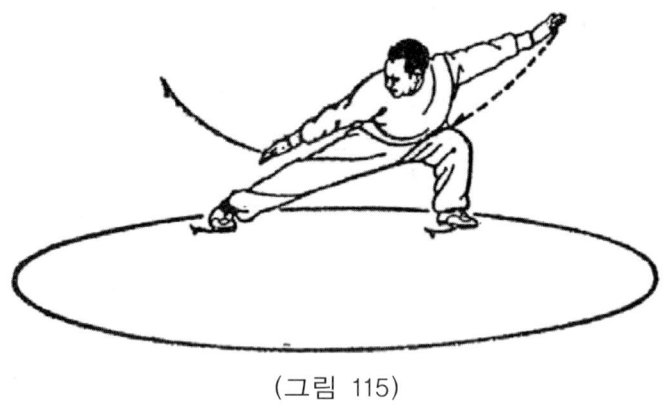

(그림 115)

요점

제4장의 제16동작인 비연초수(飛燕抄水)와 같으나, 방향이 반대이다.

34. 가슴속에 달을 품다 (右)
懷中抱月 (右)

상체는 곧게 펴며 일으키고, 오른발 발끝은 조금 밖으로 벌리고, 왼발은 따라서 앞으로 반보(半步)를 이동하고, 양 다리는 조금 굽힌다. 좌장(左掌)은 동시에 팔꿈치를 굽히며 왼쪽 허리 옆에 거두어들이고,

(그림 116)

손가락이 앞으로 향하고, 장심(掌心)이 아래로 향한다. 우장(右掌)은 이에 따라서 팔을 밖으로 돌려 엄지 외측이 위로 향하게 하고, 장심(掌心)이 안으로 향하며, 팔꿈치를 굽혀 둘러 싸서, "허리를 안아 품는(抱腰)" 모양을 취한다. 눈은 우장(右掌)을 바라본다. (그림 116)

요점

제2장의 세9동작인 회중포월(懷中抱月)과 같으나, 방향이 반대이다.

제5장(掌)

1. 원숭이가 복숭아를 훔치다 (右)
猿猴偸桃 (右)

왼발이 오른발 앞쪽 방향으로 향하여 1보를 성큼 나아가고, 발끝을 안으로 "꺾어 다잡으며(扣)", 양 다리는 무릎을 굽힌다. 상체는 이에 따라서 우(右)로 돌아 북(北)쪽 방향으로 향한다. 좌장(左掌)은 동시에 오른팔 팔꿈치 아래를 거쳐 우(右)로 향하여 "뚫고 지나(穿)" 나가서, 장심(掌心)이 아래로 향한다. 우장(右掌)은 곧 팔을 안으로 돌려서 장심(掌心)이 아래로 향하게 하고, 상체를 우(右)로 돌릴 때에 팔꿈치를 굽혀 가슴 앞에 에워싼다. 눈은 오른팔 팔꿈치를 바라본다. (그림 117 正) (그림 117 背)

(그림 117 正)

요점

머리는 우(右)로 돌리고, 양 다리는 굽히며, 양 어깨는 느슨히 한다

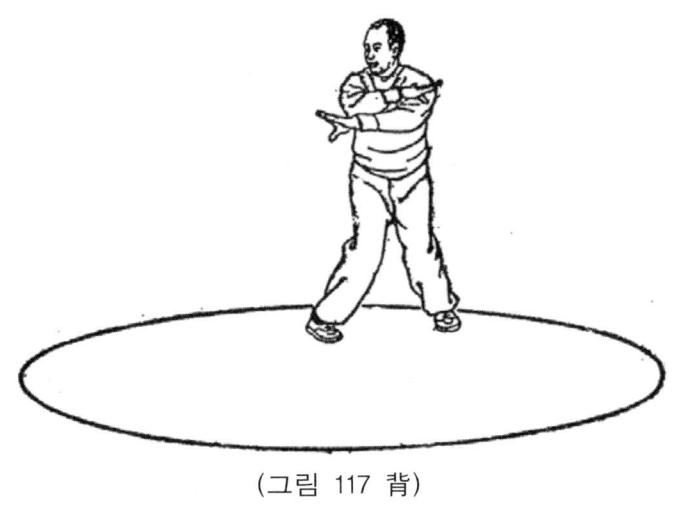

(그림 117 背)

2. 원숭이가 과일을 바치다 (左)
　　猿猴獻果 (左)

　왼발 발끝을 밖으로 벌리고, 오른발 발끝을 안으로 "꺾어 돌리며 (扣)", 상체는 따라서 좌(左)로 돌리고, 좌장(左掌)은 동시에 팔을 밖으로 돌려서 장심(掌心)이 위로 향하게 하며, 우(右)로부터 앞으로 향하

(그림 118)

여 팔꿈치를 굽혀 평평하게 휘저어서, 가슴 앞에 도달할 때에, 손가락이 좌(左)로 향한다. 우장(右掌)은 이에 따라서 팔을 안으로 돌려 장심(掌心)이 뒤집혀 위로 향하게 하며, 좌(左)로부터 안으로 향하다 우(右)로 향해 돌아 움직여서, 손가락이 우(右)로 향하고, 가슴 앞에서 좌장(左掌)과 함께 나란히 합치하여서 물체를 받쳐 들은 모습을 취한다. 눈은 양 장(掌)을 바라본다. (그림 118)

요점

팔꿈치를 굽히고, 양 장(掌)은 높이가 어깨와 같고, 양 팔꿈치는 아래로 "내려뜨리고(垂)", 양 어깨는 "느슨하다(放鬆)".

3. 붕새가 날개를 펼치다 (左)
大鵬展翅 (左)

1. 양 발은 원래 위치에서 변동이 없고, 양 장(掌)은 상체 양측(兩側)으로 향하여 평평하게 "내밀고(伸)", 장심(掌心)은 여전히 위로 향한

(그림 119)

다. 눈은 좌장(左掌)을 바라본다. (그림 119)

2. 왼발은 발끝을 밖으로 벌리고, 오른발이 보(步)를 나가며, 북(北)으로부터 시작하여 서(西)로 향하다 남(南)으로 향하며 동(東)으로 향하고 북(北)으로 향해 동그라미를 따라서 한바퀴를 걷는다. 북(北)쪽 방향의 원래 기점에 도달하여 (그림 119)와 같을 때에, 다음 권식을 다시 바꾸어 연결힌다.

요점
양 팔꿈치는 조금 굽히고, 양 장(掌)은 양 어깨보다 조금 낮다.

4. 십자 모양으로 끌어안다 (右)
十字搬摟 (右)

오른발이 왼발 앞으로 향하여 1보를 성큼 나아가고, 양 발은 거꾸로 된 八(팔)자 보가 된다. 우장(右掌)은 팔꿈치를 굽히며 우(右)로부터 좌(左)로 향해 평평하게 "내밀고(伸)", 좌장(左掌)은 동시에 팔꿈치를 굽

(그림 120)

히며 좌(左)로부터 우(右)로 향해 오른팔 위를 지나 평평하게 내밀어 "꿰뚫어(穿)" 나가서, 양 장심(掌心) 모두 위로 향하고, 양 팔은 十(십)자로 교차하는 모양을 취한다. 눈은 좌장(左掌)을 바라본다.(그림 120)

요점

어깨를 느슨하게 하고 팔꿈치를 가라앉히며, 양 장(掌)은 가슴부위보다 조금 낮고, 양 다리는 무릎을 굽혀 약간 웅크려 앉는다.

5. 추세를 따라서 옷을 받들다 (左)
順勢領衣 (左)

상체를 좌(左)로 돌리며, 왼발이 앞으로 반보(半步)를 나아가고, 오른발이 반보(半步)를 좇아 나아가서, 양 다리는 무릎을 굽힌다. 좌장(左掌)은 동시에 우(右)로부터 앞으로 향하다 좌(左)로 향해 팔꿈치를 굽히며 평평하게 "내젓는다(攞)". 우장(右掌)은 따라서 왼팔 팔꿈치 안쪽 옆의 아래 방향으로 이동한다. 양 장심(掌心) 모두 위로 향한다. 눈은 양 장(掌)을 바라본다. (그림 121)

(그림 121)

요점

머리는 위로 "받치고(頂)", 어깨는 느슨히 하며 팔꿈치는 "가라앉혀 누르고(沉)", 양 장(掌)은 높이가 가슴과 같다.

6. 많은 적을 휩쓸어버리다 (右)
橫掃千軍 (右)

오른발이 왼발 앞으로 향하여 1보를 나가고, 발끝을 밖으로 벌리고, 우장(右掌)은 동시에 상체의 우(右) 뒤 방향으로 향하여 팔꿈치를 굽혀 평평하게 "내젓고(攦)", 좌장(左掌)은 곧 팔꿈치를 굽히며 오른팔 팔꿈치 아래 끝으로 이동하고, 양 장심(掌心)은 여전히 위로 향한다. 눈은 우장(右掌)을 바라본다. (그림 122)

(그림 122)

요점

허리는 우(右)로 향하여 비틀어 돌리고, 양 팔은 팔꿈치를 굽히고, 우장(右掌)은 높이가 어깨와 같다.

7. 많은 적을 휩쓸어버리다 (左)
橫掃千軍 (左)

상체는 좌(左)로 돌려 서(西)쪽으로 향하고, 오른발 발끝은 안으로 꺾어 다잡고, 왼발 발끝은 밖으로 벌리고, 양 무릎은 조금 굽힌다. 좌장(左掌)은 동시에 우(右)로부터 몸 앞으로 향하다 좌(左) 뒤로 향해 평평하게 "내젓고(擺)", 팔꿈치는 조금 굽히고, 우장(右掌)은 따라서 우(右)로부터 몸 앞으로 향하다 왼쪽 가슴으로 향하여 팔꿈치를 굽히며 평평하게 "내젓고(擺)", 양 장심(掌心) 모두 위로 향한다. 눈은 좌장(左掌)을 바라본다. (그림 123)

(그림 123)

요점

허리는 좌(左)로 향하여 비틀어 돌리고, 어깨는 느슨히 하며 팔꿈치는 "가라앉혀 누르고(沉)", 좌장(左掌)은 어깨부위보다 조금 낮다.

8. 새매가 몸을 돌리다 (右)
鷂子反身 (右)

1. 상체는 왼발 발바닥을 축(軸)으로 삼아 좌(左)로 돌려 동(東)쪽으로 향한다. 오른발은 몸을 돌릴 때에 땅에서 떨어져 들어올리고, 몸을 돌린 후에 왼발 앞에 내려서, 발끝을 안으로 꺾어 다잡는다. 양 무릎은 조금 굽힌다. 우장(右掌)은 상체를 좌(左)로 돌릴 때에, 왼팔 팔꿈치 아래를 지나 좌(左)로 향하여 "꿰뚫어(穿)" 나가고, 좌장(左掌)은 따라서 팔꿈치를 굽히며 우측(右側)으로 이동하고, 양 장심(掌心) 모두 위로 향한다. 눈은 좌장(左掌)을 바라본다. (그림 124)

(그림 124)

2. 상체는 좌(左)로 돌려 북(北)쪽으로 향한다. 우장(右掌)은 동시에 팔을 안으로 돌리며, 몸 앞으로부터 팔꿈치를 굽히며 위로 쳐들어서, 엄지 외측이 아래로 향하고, 장심(掌心)이 앞으로 향한다. 좌장(左掌)은 내려서 배 부위에 이르고, 여전히 앙장(仰掌)이다. 눈은 좌(左)로 향하여 수평으로 바라본다. (그림 125)

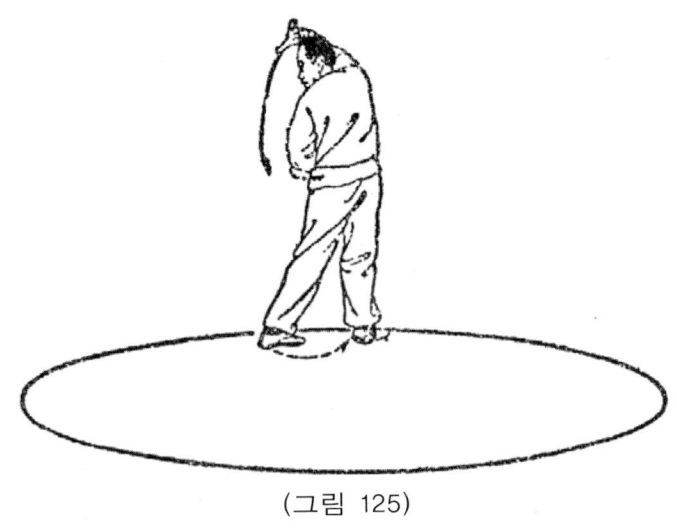

(그림 125)

요점

양 동작은 반드시 이어져 관통되도록 해야 하고, 중간에 끊어져서는 안 된다. 후반의 동작 시에, 허리는 좌(左)로 향해 비틀고, 양 어깨는 "느슨히 하며 가라앉힌다(鬆沉)".

9. 금빛 닭이 다투다 (左)
錦鷄爭鬪 (左)

1. 오른발 발꿈치를 밖으로 벌리며, 상체는 좌(左)로 돌려 서(西)쪽으로 향한다. 왼발이 오른발 내측(內側)으로 물러나고, 발끝이 땅에 닿는다. 양 다리는 무릎을 굽혀 약간 웅크려 앉는다. 우장(右掌)은 동시에 왼쪽 어깨를 지나서 아래로 내려 배 앞을 지나고, 오른쪽 허리 옆으로 내려서, 엄지 외측이 위로 향하고, 장심(掌心)이 앞으로 향한다. 좌장(左掌)은 이에 따라서 배 앞으로부터 왼쪽 허리 옆으로 내리고, 엄지 외측이 위로 향하고, 장심(掌心)이 앞으로 향한다. 눈은 앞으로 향하여 수평으로 바라본다. (그림 126)

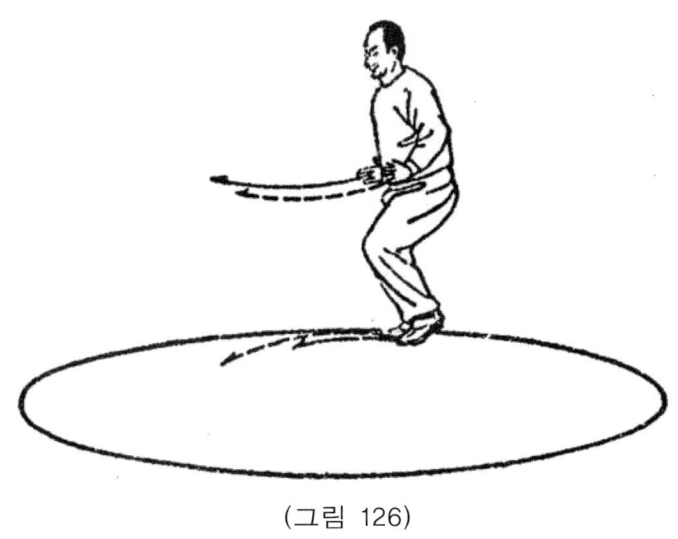

(그림 126)

2. 왼발이 앞으로 1보를 나아가고, 오른발이 반보(半步)를 좇아 나아가서, 양 다리는 무릎을 굽히고, 상체는 뒤로 앉는다. 양 장(掌)은 동시에 앞으로 향하여 팔꿈치를 굽히며 "밀쳐(推)" 나가고, 장(掌)과 손목이 함께 나란히 합하고, 엄지 외측이 모두 위로 향한다. 눈은 양 장(掌)을 바라본다. (그림 127)

(그림 127)

요점

첫 동작의 양 다리를 약간 웅크려 앉을 때, 신체의 중량은 오른다리에 내리고, 양 어깨는 "느슨히 하며 가라앉혀야(鬆沉)" 한다. 둘째 동작의 장(掌)을 밀쳐나간 후, 어깨를 "가라앉히고(沉)" 팔꿈치를 "내려뜨려야(垂)" 하고, 양 팔의 아래팔뚝은 지면과 수평을 이룬다.

10. 가슴속에 달을 품다 (左)
懷中抱月 (左)

왼발이 몸 뒤로 향하여 큰 1보를 되돌아오고, 상체는 따라서 좌(左)로 돌리며, 오른발 발끝을 안으로 꺾어 돌리고, 양 다리는 무릎을 굽힌다. 좌장(左掌)은 동시에 팔을 안으로 돌리며 몸 앞으로부터 아래로 내리고, 팔을 뒤집어 앞으로 향해 평평하게 쳐들며, 평평하게 쳐드는 위치에 도달할 때에 팔을 밖으로 돌려 엄지 외측이 위로 향하게 하고, 팔꿈치를 굽혀서 "허리를 안아 품는(抱腰)" 모양을 취한다. 우장(右掌)은 곧 팔꿈치를 굽히며 오른쪽 허리 옆에 거두어들여서, 엄지가 뒤에 있고, 나머지 네 손가락은 앞에 있고, 장심(掌心)이 아래로 향한다. 눈은 좌장(左掌)을 바라본다. (그림 128)

(그림 128)

요점

제2장의 제9동작인 회중포월(懷中抱月)과 같다.

11. 원숭이가 복숭아를 훔치다 (左)
猿猴偸桃 (左)

오른발이 왼발 앞쪽 방향으로 향하여 1보를 성큼 나아가고, 발끝을 안으로 "꺾어 다잡으며(扣)", 양 다리는 무릎을 굽힌다. 상체는 이에 따라서 좌(左)로 돌아 북(北)쪽 방향으로 향한다. 우장(右掌)은 동시에 왼팔 팔꿈치 아래를 거쳐 좌(左)로 향하여 "뚫고 지나(穿)" 나가서, 장심(掌心)이 아래로 향한다. 좌장(左掌)은 곧 팔을 안으로 돌려서 장심(掌心)이 아래로 향하게 하고, 상체를 좌(左)로 돌릴 때에 팔꿈치를 굽혀 가슴 앞에 에워싼다. 눈은 왼팔 팔꿈치를 바라본다. (그림 129)

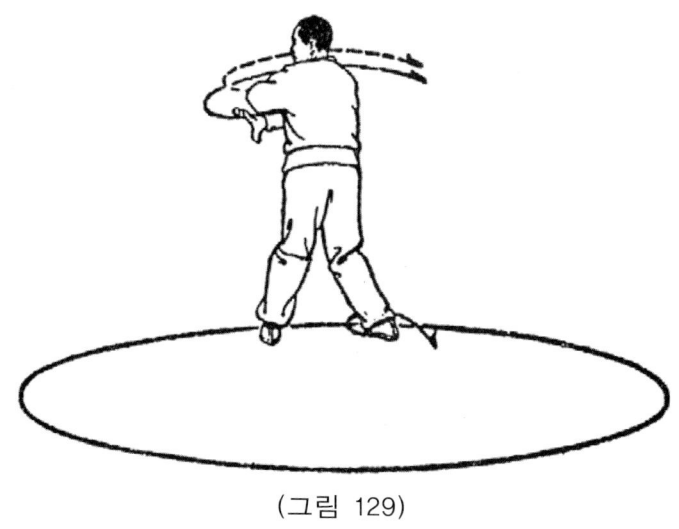

(그림 129)

요점

제5장의 제1동작인 원후투도(猿猴偸桃)와 같으나, 방향이 반대이다.

12. 원숭이가 과일을 바치다 (右)
猿猴獻果 (右)

오른발 발끝을 밖으로 벌리고, 왼발 발끝을 안으로 "꺾어 돌리며 (扣)", 상체는 따라서 우(右)로 돌리고, 우장(右掌)은 동시에 팔을 밖으로 돌려서 장심(掌心)이 위로 향하게 하며, 좌(左)로부터 앞으로 향하여 팔꿈치를 굽혀 평평하게 휘저어서, 가슴 앞에 도달할 때에, 손가락이 우(右)로 향한다. 좌장(左掌)은 이에 따라서 팔을 안으로 돌려 장심(掌心)이 뒤집혀 위로 향하게 하며, 우(右)로부터 안으로 향하다 좌(左)로 향해 돌아 움직여서, 손가락이 좌(左)로 향하고, 가슴 앞에서 우장(右掌)과 함께 나란히 합치하여서 물체를 받쳐 들은 모습을 취한다. 눈은 양 장(掌)을 바라본다. (그림 130)

(그림 130)

요점

제5장의 제2동작인 원후헌과(猿猴獻果)와 같으나, 방향이 반대이다.

13. 붕새가 날개를 펼치다 (右)
大鵬展翅 (右)

1. 양 발은 원래 위치에서 변동이 없고, 양 장(掌)은 상체 양측(兩側)으로 향하여 평평하게 "내밀고(伸)", 장심(掌心)은 모두 위로 향한다. 눈은 우장(右掌)을 바라본다. (그림 131)

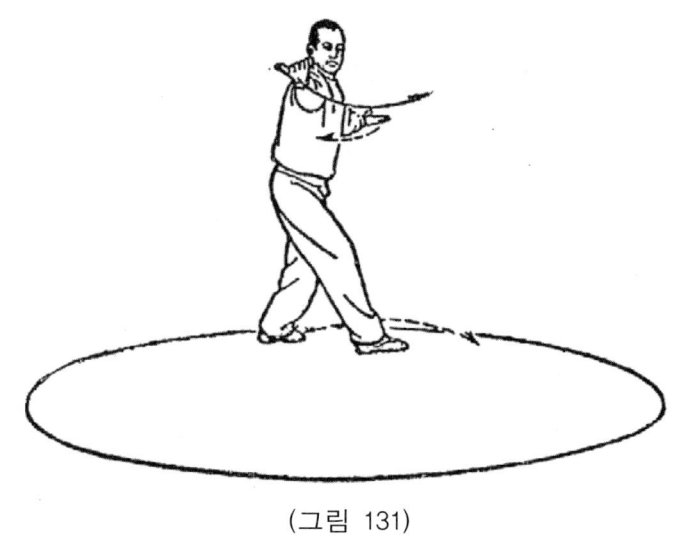

(그림 131)

2. 오른발은 발끝을 밖으로 벌리고, 왼발이 보(步)를 나가며, 북(北)으로부터 시작하여 동(東)으로 향하다 남(南)으로 향하며 서(西)로 향하고 북(北)으로 향해 동그라미를 따라서 한바퀴를 걷는다. 북(北)쪽 방향의 원래 기점에 도달하여 (그림 131)과 같을 때에, 다음 권식을 다시 바꾸어 연결한다.

요점
제5장의 제3동작인 대붕전시(大鵬展翅)와 같으나, 방향이 반대이다.

14. 십자 모양으로 끌어안다 (左)
十字搬摟 (左)

왼발이 오른발 앞으로 향하여 1보를 성큼 나아가고, 양 발은 거꾸로 된 八(팔)자보가 된다. 좌장(左掌)은 팔꿈치를 굽히며 좌(左)로부터 우(右)로 향해 평평하게 "내밀고(伸)", 우장(右掌)은 동시에 팔꿈치를 굽히며 우(右)로부터 좌(左)로 향해 왼팔 위를 지나 평평하게 내밀어 "꿰뚫어(穿)" 나가서, 양 장심(掌心) 모두 위로 향하고, 양 팔은 十(십)자로 교차하는 모양을 취한다. 눈은 우장(右掌)을 바라본다. (그림 132)

(그림 132)

요점

제5장의 제4동작인 십자반루(十字搬摟)와 같으나, 방향이 반대이다.

15. 추세를 따라서 옷을 받들다 (右)
順勢領衣 (右)

상체를 우(右)로 돌리며, 오른발이 앞으로 반보(半步)를 나아가고,

왼발이 반보(半步)를 좇아 나아가서, 양 다리는 무릎을 굽힌다. 우장(右掌)은 동시에 좌(左)로부터 앞으로 향하다 우(右)로 향해 팔꿈치를 굽히며 평평하게 "내젓는다(擺)". 좌장(左掌)은 따라서 오른팔 팔꿈치 안쪽 옆의 아래 방향으로 이동한다. 양 장심(掌心) 모두 위로 향한다. 눈은 우장(右掌)을 바라본다. (그림 133)

(그림 133)

요점

제5장의 제5동작인 순세령의(順勢領衣)와 같으나, 방향이 반대이다.

16. 많은 적을 휩쓸어버리다 (左)
橫掃千軍 (左)

왼발이 오른발 앞으로 향하여 1보를 나가고, 발끝을 밖으로 벌린다. 좌장(左掌)은 동시에 상체의 좌(左) 뒤 방향으로 향하여 팔꿈치를 굽혀 평평하게 "내젓고(擺)", 우장(右掌)은 곧 팔꿈치를 굽히며 왼팔 팔꿈치 아래 끝으로 이동하고, 양 장심(掌心)은 여전히 위로 향한다. 눈은 좌장(左掌)을 바라본다. (그림 134)

(그림 134)

요점

제5장의 제6동작인 횡소천군(橫掃千軍)과 같으나, 방향이 반대이다.

17. 많은 적을 휩쓸어버리다 (右)
橫掃千軍 (右)

상체는 우(右)로 돌려 동(東)쪽으로 향하고, 왼발 발끝은 안으로 꺾어 다잡고, 오른발 발끝은 밖으로 벌리고, 양 다리는 조금 굽힌다. 우

(그림 135)

장(右掌)은 동시에 좌(左)로부터 몸 앞으로 향하다 우(右) 뒤로 향해 평평하게 "내젓고(擺)", 팔꿈치는 조금 굽히고, 좌장(左掌)은 따라서 좌(左)로부터 몸 앞으로 향하다 오른쪽 가슴으로 향하여 팔꿈치를 굽히며 평평하게 "내젓고(擺)", 양 장심(掌心) 모두 위로 향한다. 눈은 우장(右掌)을 바라본다. (그림 135)

요점

제5장의 제7동작인 횡소천군(橫掃千軍)과 같으나, 방향이 반대이다.

18. 새매가 몸을 돌리다 (左)
鷂子反身 (左)

1. 상체는 오른발 발바닥을 축(軸)으로 삼아 우(右)로 돌려 서(西)쪽으로 향한다. 왼발은 몸을 돌릴 때에 땅에서 떨어져 들어올리고, 몸을 돌린 후에 오른발 앞에 내려서, 발끝을 안으로 꺾어 다잡는다. 양 다리는 조금 굽힌다. 좌장(左掌)은 상체를 우(右)로 돌릴 때에, 오른팔

(그림 136)

팔꿈치 아래를 지나 우(右)로 향하여 "꿰뚫어(穿)" 나가고, 우장(右掌)은 따라서 팔꿈치를 굽히며 좌측(左側)으로 이동하고, 양 장심(掌心) 모두 위로 향한다. 눈은 우장(右掌)을 바라본다. (그림 136)

2. 상체는 우(右)로 돌려 북(北)쪽으로 향한다. 좌장(左掌)은 동시에 팔을 안으로 돌리며, 몸 앞으로부터 팔꿈치를 굽히며 위로 쳐들어서, 엄지 외측이 아래로 향하고, 장심(掌心)이 앞으로 향한다. 우장(右掌)은 내려서 배 부위에 이르고, 여전히 앙장(仰掌)이다. 눈은 우(右)로 향하여 수평으로 바라본다. (그림 137)

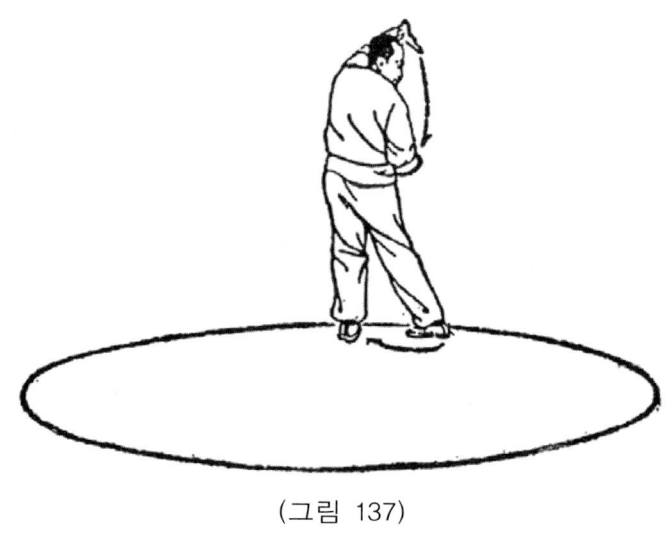

(그림 137)

요점
제5장의 제8동작인 요자반신(鷂子反身)과 같으나, 방향이 반대이다.

19. 금빛 닭이 다투다 (右)
錦鷄爭鬪 (右)

1. 왼발 발꿈치를 밖으로 벌리며, 상체는 우(右)로 돌려 동(東)쪽으

로 향한다. 오른발이 왼발 내측(內側)으로 물러나고, 발끝이 땅에 닿는다. 양 다리는 무릎을 굽혀 약간 웅크려 앉는다. 좌장(左掌)은 동시에 오른쪽 어깨를 지나서 아래로 내려 배 앞을 지나고, 왼쪽 허리 옆으로 내려서, 엄지 외측이 위로 향하고, 장심(掌心)이 앞으로 향한다. 우장(右掌)은 이에 따라서 배 앞으로부터 오른쪽 허리 옆으로 내리고, 엄지 외측이 위로 향하고, 장심(掌心)이 앞으로 향한다. 눈은 앞으로 향하여 수평으로 바라본다. (그림 138)

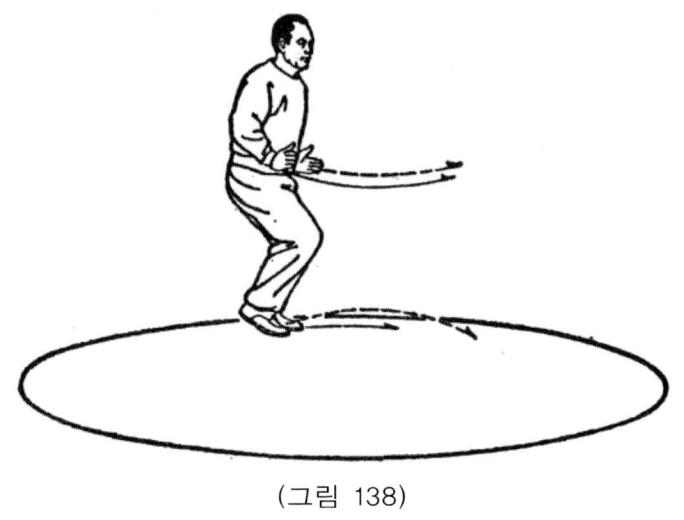

(그림 138)

2. 오른발이 앞으로 1보를 나아가고, 왼발이 반보(半步)를 좇아 나아가서, 양 다리는 무릎을 굽히고, 상체는 뒤로 앉는다. 양 장(掌)은 동시에 앞으로 향하여 팔꿈치를 굽히며 "밀쳐(推)" 나가고, 장(掌)과 손목이 함께 나란히 합하고, 엄지 외측이 모두 위로 향한다. 눈은 양 장(掌)을 바라본다. (그림 139)

(그림 139)

요점

제5장의 제9동작인 금계쟁투(錦鷄爭鬪)와 같으나, 방향이 반대이다.

20. 가슴속에 달을 품다 (右)
懷中抱月 (右)

오른발이 몸 뒤로 향하여 큰 1보를 되돌아오고, 상체는 따라서 우(右)로 돌리며, 왼발 발끝을 안으로 꺾어 돌리고, 양 다리는 무릎을 굽힌다. 우장(右掌)은 동시에 팔을 안으로 돌리며 몸 앞으로부터 아래로 내리고, 팔을 뒤집어 앞으로 향해 평평하게 쳐들며, 평평하게 쳐드는 위치에 도달할 때에 팔을 밖으로 돌려 엄지 외측이 위로 향하게 하고, 팔꿈치를 굽혀서 "허리를 안아 품는(抱腰)" 모양을 취한다. 좌장(左掌)은 곧 팔꿈치를 굽히며 왼쪽 허리 옆에 거두어들여서, 엄지가 뒤에 있고, 나머지 네 손가락은 앞에 있고, 장심(掌心)이 아래로 향한다. 눈은 우장(右掌)을 바라본다. (그림 140)

(그림 140)

요점

제2장의 제9동작인 회중포월(懷中抱月)과 같으나, 방향이 반대이다.

제6장(掌)

1. 잎 밑에 꽃을 감추다 (右)
葉底藏花 (右)

왼발이 오른발의 앞 방향으로 향하여 1보를 성큼 나아가고, 발끝을 안으로 "꺾어 돌린다(扣)". 양 다리는 조금 굽힌다. 상체는 우(右)로 돌려서 북(北)쪽 방향으로 향한다. 우장(右掌)은 동시에 팔을 안으로 돌리며 새끼손가락 외측이 위로 향하고 엄지 외측이 아래로 향하게 하여서, 팔꿈치를 굽혀 가슴 앞에 에워싸 안는다. 좌장(左掌)은 이에 따라서 오른쪽 겨드랑이 아래로 평평하게 "꿰뚫어(穿)" 나가고, 장심(掌心)이 위로 향하며, 팔꿈치를 굽혀 에워싸 안는다. (그림 141)

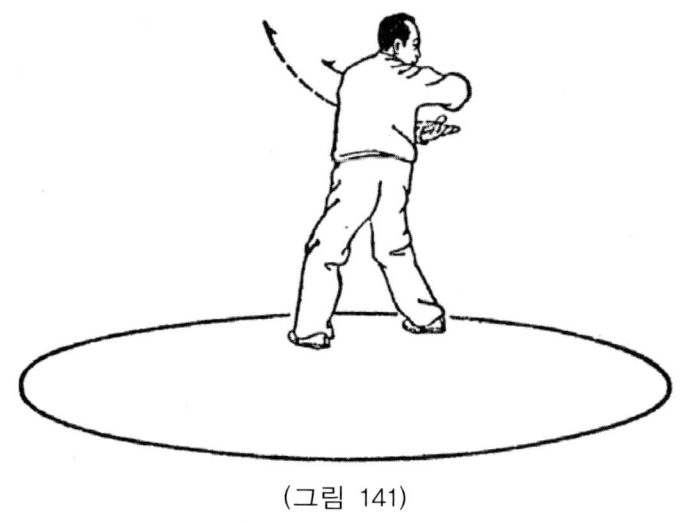

(그림 141)

요점
제1장의 제3동작인 엽저장화(葉底藏花)와 같다.

2. 기러기가 무리 중에 뛰어나다 (左)
鴻雁出群 (左)

1. 양 발은 원래 위치에서 변동이 없고, 상체는 좌(左)로 돌린다. 좌장(左掌)은 오른팔 팔꿈치 아래로부터 신체의 좌(左) 위 방향으로(동그라미의 西南방향이다) 향하여 이동하여 돌며 위로 들어올려서, 머리와 같은 높이에 다다른다. 우장(右掌)은 동시에 팔을 밖으로 돌리며, 좌장(左掌)을 따라서 돌아 움직여서, 왼팔 팔꿈치 안쪽 옆에 위치하고, 양 장(掌)은 앙장(仰掌)이 된다. 눈은 좌장(左掌)을 바라본다. (그림 142)

(그림 142)

2. 앞의 동작이 멈추지 않고, 좌장(左掌)은 팔을 안으로 돌리며, 신체의 좌(左) 방향으로 향하여 돌아 움직여서, 수장(竪掌)이 된다. 우장(右掌)은 따라서 팔을 안으로 돌리며, 팔꿈치를 굽혀 왼쪽 옆구리 옆으로 향하여 아래로 "억눌러서(按)", 장심(掌心)이 아래로 향한다. 상체는 계속하여 좌(左)로 돌아 움직이고, 머리는 좌장(左掌)을 따라서 좌(左) 방향으로 향하여 비틀어 돌리고, 눈은 좌장(左掌)을 바라본다. (그림 143)

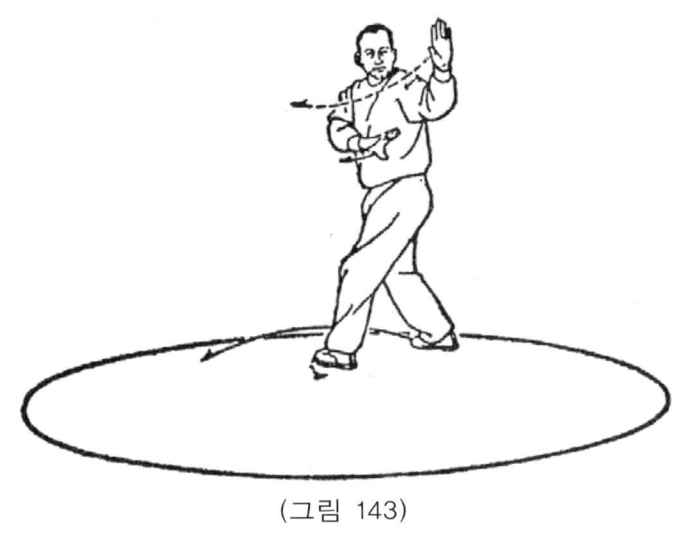

(그림 143)

3. 왼발 발끝을 밖으로 벌리고, 오른발이 보(步)를 나가며, 북(北)으로부터 시작하여 서(西)로 향하고 남(南)으로 향하고 동(東)으로 향하고 북(北)으로 향하여 동그라미를 따라서 한바퀴 걷는다. 북(北)쪽 방향의 원래 기점에 도착하여 (그림 143)과 같을 때에, 다시 다음 권식을 바꾸어 연결한다.

요점

제1장의 제4동작인 홍안출군(鴻雁出群)과 같다.

3. 제비처럼 날쌔게 후려쳐 막다 (右)
紫燕抛翦 (右)

오른발이 왼발 앞(西쪽 방향)으로 향하여 1보를 성큼 나아가고, 양발은 거꾸로 된 八(팔)자 보(步)가 된다. 좌장(左掌)은 동시에 팔을 밖으로 돌리며, 엄지 외측이 위로 향하게 하여서, 오른팔 위를 거쳐 우측(右側)으로 향하여 "밀쳐(推)" 나가고, 장심(掌心)이 밖으로 향한다.

우장(右掌)은 왼팔 아래에 내밀어서, 새끼손가락 외측이 비스듬히 위로 향한다. 양 장(掌)은 상하로 교차하며, 머리는 우(右)로 향하여 돌리고, 눈은 좌장(左掌)을 바라본다. (그림 144)

(그림 144)

요점

제1장 제5동작인 자연포전(紫燕抛翦)과 같다.

4. 코뿔소가 달을 바라보다 (左)
犀牛望月 (左)

왼발이 좌측(左側)방향으로 향하여 조금 이동하고, 상체는 조금 좌(左)로 돌리며, 좌장(左掌)은 동시에 팔꿈치를 굽혀 좌측(左側) 위 방향으로 향하여 가로져서 지탱하여 막으며 위로 쳐들어서, 엄지 외측이 아래로 향하고, 장심(掌心)이 밖으로 향한다. 우장(右掌)은 동시에 팔을 밖으로 돌려 장심(掌心)이 좌(左)로 향하게 하고, 손가락이 아래로 향하며, 팔꿈치를 굽혀 좌(左)로 향하여 "밀쳐(推)" 나간다. 눈은 좌장(左掌)을 바라본다. (그림 145)

(그림 145)

요점

어깨를 느슨하게 하고 과(胯)를 느슨하게 하며, 왼팔은 둥글게 굽히고, 우장(右掌)의 손목은 아래로 구부린다.

5. 천왕이 탑을 받쳐들다 (右)
　　天王托塔 (右)

오른발이 왼발 앞으로 향하여 1보를 성큼 나아가고, 상체는 뒤로 앉히며, 우장(右掌)은 앞으로 향하여 팔꿈치를 굽혀 위로 "받쳐들고

(그림 146)

(托)", 좌장(左掌)은 동시에 팔을 밖으로 돌리며, 팔꿈치를 굽혀 장심(掌心)이 위로 향하게 하고, 탁장(托掌)이 된다. 눈은 우장(右掌)을 바라본다. (그림 146)

요점

좌장(左掌)은 팔꿈치를 굽혀서 아래팔뚝이 수직(垂直)이 되도록 하고, 장(掌)은 높이가 머리와 같은 정도에 이른다. 오른팔 팔꿈치는 아래로 내려뜨리고, 장(掌)은 높이가 가슴과 같은 정도에 이른다.

6. 흰 뱀이 혀를 날름거리다 (左)
白蛇吐信 (左)

1. 오른발 발끝을 안으로 "꺾어 돌리고(扣)", 상체는 좌(左)로 돌리며, 왼발은 동시에 좌(左)로 향하여 반보(半步)를 이동하고, 양 다리는 무릎을 굽혀 약간 웅크려 앉는다. 우장(右掌)은 이에 따라서 위로 향하다 안으로 향하고 아래로 향해 하나의 작은 권(圈 : 동그라미)을 감돌며, 팔을 안으로 돌려서 엄지 외측이 아래로 향하게 하고, 장심(掌心)

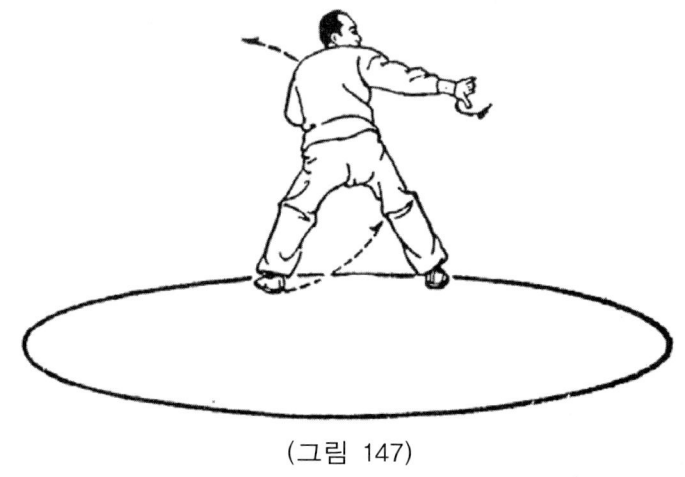

(그림 147)

이 우(右)로 향한다. 좌장(左掌)은 왼쪽 어깨 옆으로 내리며, 식지와 중지(中指)를 합쳐 모으고, 나머지 세 손가락은 단단히 모아 잡아서, 수심(手心)이 위로 향한다. 눈은 우장(右掌)을 바라본다. (그림 147)

2. 오른다리는 곧게 펴며 일어서고, 왼다리는 무릎을 굽혀 몸 앞에 들어 올려서, 발끝을 아래로 내려뜨린다. 상체는 조금 좌(左)로 돌린다. 좌장(左掌) 손가락은 이에 따라서 몸 앞으로 향하여 팔꿈치를 굽히며 손가락이 나가고, 수심(手心)이 위로 향한다. 우장(右掌)은 동시에 팔을 안으로 돌리고, 손목을 곧게 펴며 장심(掌心)을 뒤집어 위로 향하게 한다. 눈은 좌장(左掌) 손가락을 바라본다. (그림 148)

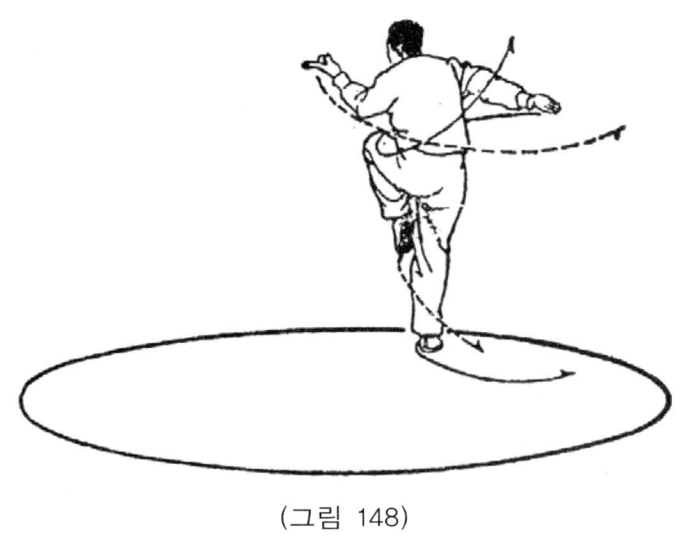

(그림 148)

요점

오른다리는 조금 굽히고, 일어서는 동작은 안정되어야 한다. 왼팔은 굽혀서 90도의 각도를 이루고, 좌장(左掌) 손가락은 높이가 눈썹과 같다.

7. 사나운 범이 우리에서 나오다 (左)
猛虎出柙 (左)

왼발이 몸 뒤를 지나며 동(東)쪽으로 향하여 보(步)를 내리고, 상체는 이에 따라서 좌(左)로부터 뒤로 향하여 돌려서, 동(東)쪽 방향으로 향하고, 오른발은 즉각 왼발 앞으로 향하여 1보를 성큼 나아가고, 양다리는 무릎을 굽히고, 상체는 뒤로 앉힌다. 양 장(掌)은 몸을 돌릴 때에 팔꿈치를 굽혀 배 부위로 거두어들이고, 오른발이 보(步)를 나갈 때에 우장(右掌)은 위로 향하여 팔꿈치를 굽히며 "뚫고 지나(穿)" 나가서, 나선장(螺旋掌)이 되고, 새끼손가락 외측이 얼굴부위로 마주 향하고, 좌장(左掌)은 동시에 몸 앞으로 향하여 "밀쳐(推)" 나가서, 수장(豎掌)이 된다. 눈은 좌장(左掌)을 바라본다. (그림 149)

(그림 149)

요점
제2장의 제5동작인 맹호출합(猛虎出柙)과 같다.

8. 금빛 닭이 날갯죽지를 펴다 (左)
錦鷄撒膀 (左)

우장(右掌)이 위로부터 가슴 앞을 지나 팔꿈치를 굽히며 아래로 내려서, 오른쪽 허리 옆에 대어 버티고, 엄지가 뒤에 있고, 나머지 네 손가락은 앞에 있다. 왼발은 동시에 서북(西北)방향으로 향하여 내밀어 나가고, 왼다리는 곧게 뻗는다. 오른발 발끝은 동시에 안으로 "꺾어 돌리고(扣)", 오른다리는 무릎을 굽혀 아래로 웅크려 앉는다. 좌장(左掌)은 이에 따라서 왼다리와 같은 방향으로 가지런히 하며 팔을 뒤집어 내어 뻗고, 장심(掌心)은 뒤집어 위로 향한다. 머리는 좌장(左掌)을 따라서 좌(左)로 향하여 비틀어 돌리고, 상체는 앞으로 숙여 구부리며, 눈은 좌장(左掌)을 바라본다. (그림 150)

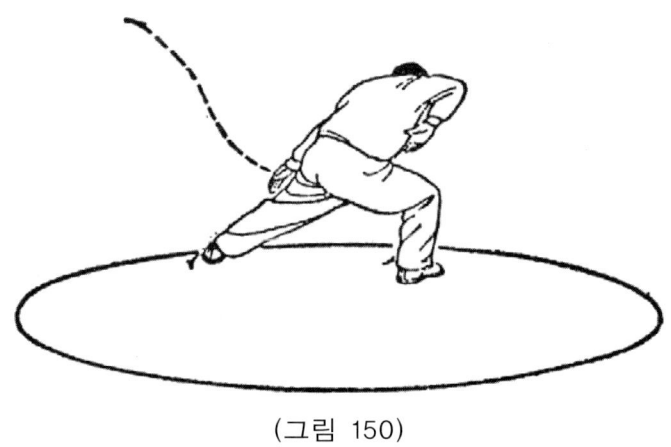

(그림 150)

요점
제2장의 제6동작인 금계살방(錦鷄撒膀)과 같다.

9. 남몰래 꽃을 옮겨 나무에 붙이다 (左)
移花接木 (左)

왼발 발끝을 밖으로 벌리며, 상체는 곧바르게 일으키고, 오른다리는 곧게 펴며, 오른발은 이에 쫓아 반보(半步)를 나아간다. 좌장(左掌)은 팔을 밖으로 돌려서 장심(掌心)이 위로 향하게 하며, 아래에서 위로 "밀어 올려서(托起)", 앙장(仰掌)이 되고, 팔꿈치는 조금 굽힌다. 눈은 좌장(左掌)을 바라본다. (그림 151)

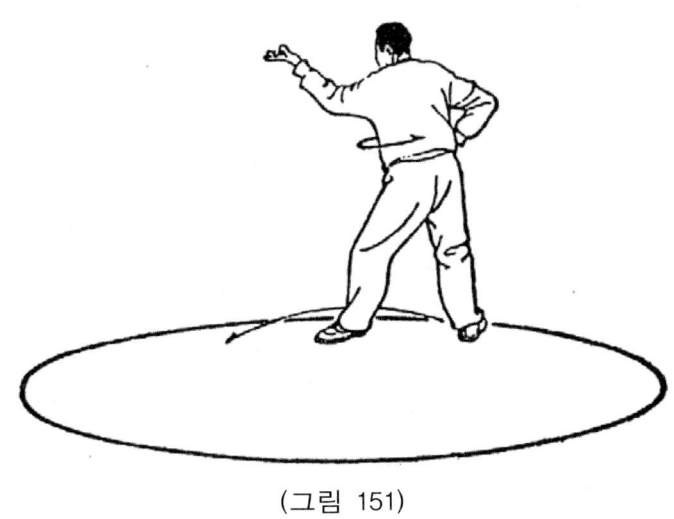

(그림 151)

요점

제2장의 제7동작인 이화접목(移花接木)과 같다.

10. 뒤통수로 투구를 벗기다 (右)
腦後摘盔 (右)

1. 오른발이 왼발 앞쪽 방향으로 향하여 보(步)를 나가고, 발끝을 안으로 "꺾어 다잡고(扣)", 거꾸로 된 八(팔)자 보(步)가 된다. 신체는 동

시에 좌(左)로 돌린다. 우장(右掌)은 팔을 밖으로 돌려서 장심(掌心)이 위로 향하게 하며, 오른쪽 허리 옆으로부터 왼팔 아래를 지나서 좌(左)로 향하여 "꿰뚫어(穿)" 나간다. 좌장(左掌)의 위치는 변하지 않고, 양 팔은 상하로 교차한다. 눈은 우장(右掌)을 바라본다. (그림 152)

(그림 152)

2. 양 발은 움직이지 않고, 우장(右掌)은 왼팔 아래를 지나 우(右)로 향하며 위로 향해 비스듬히 벌여 놓으며 위로 쳐들어서, 장심(掌心)이 여전히 위로 향한다. 상체는 따라서 우(右)로 돌린다. 좌장(左掌)은 추

(그림 153)

세를 따라서 팔꿈치를 굽히며 오른팔 팔꿈치 안쪽 옆에 위치한다. 눈은 우장(右掌)을 바라본다. (그림 153)

3. 앞의 동작이 멈추지 않고, 우장(右掌)이 우(右) 위 방향으로부터 팔꿈치를 굽히며 뒤통수로 향하여 이동하여 돌리고, 뒤통수에 도달할 때, 머리 정수리 위 방향으로 향하여 받쳐들어 올린다. 좌장(左掌)은 오른팔 팔꿈치 안쪽 옆으로부터 배 앞으로 내리고, 여전히 앙장(仰掌)이다. 양 눈은 앞으로 향하여 수평으로 바라본다. (그림 154)

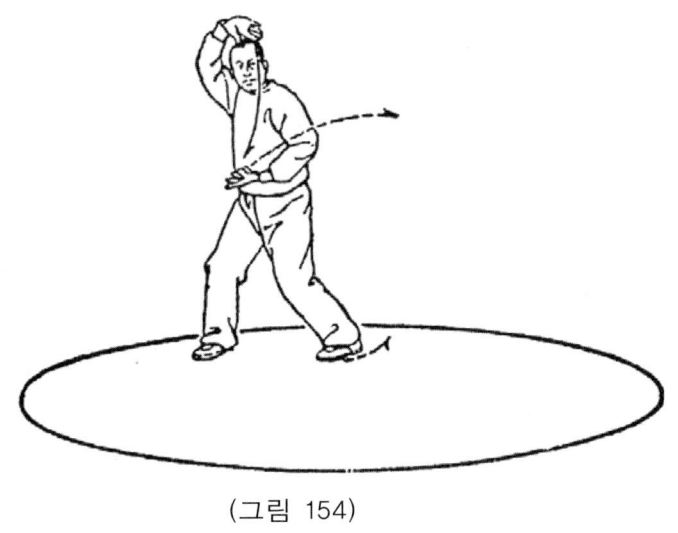

(그림 154)

요점

제2장의 제8동작인 뇌후적회(腦後摘盔)와 같다.

11. 가슴속에 달을 품다 (左)
懷中抱月 (左)

우장(右掌)이 몸 앞을 지나 아래로 내려서, 오른쪽 허리 앞에 위치하고, 엄지가 뒤로 향하며, 부장(俯掌)이 된다. 왼발은 좌(左)로 향하여 내밀어 나가고, 상체는 이에 따라서 좌(左)로 돌린다. 좌장(左掌)은 동시에 팔꿈치를 굽히며 좌(左)로 향하여 "버팅겨 밀쳐(掤)" 나가서, 엄지 외측이 위로 향하고, 장심(掌心)이 안으로 향하며, "허리를 안아 품는(抱腰)" 모양을 취한다. 눈은 좌장(左掌)을 바라본다. (그림 155)

(그림 155)

요점

제2장의 제9동작인 회중포월(懷中抱月)과 같다.

12. 잎 밑에 꽃을 감추다 (左)
葉底藏花 (左)

오른발이 왼발의 앞 방향으로 향하여 1보를 성큼 나아가고, 발끝을 안으로 "꺾어 돌린다(扣)". 양 다리는 조금 굽힌다. 상체는 좌(左)로 돌려서 북(北)쪽 방향으로 향한다. 좌장(左掌)은 동시에 팔을 안으로 돌려서 엄지의 외측이 아래로 향하게 하고, 팔꿈치를 굽혀 좌(左)로 향하여 평평하게 이끈다. 우장(右掌)은 이에 따라서 팔을 밖으로 돌려

장심(掌心)이 위로 향하게 하며, 왼쪽 겨드랑이 아래로 향하여 "꿰뚫어(穿)" 나간다. (그림 156)

(그림 156)

요점

제1장의 제3동작인 엽저장화(葉底藏花)와 같으나, 방향이 반대이다.

13. 기러기가 무리 중에 뛰어나다 (右)
鴻雁出群 (右)

1. 양 발은 원래 위치에서 변동이 없고, 상체는 우(右)로 돌린다. 우장(右掌)은 왼팔 팔꿈치 아래로부터 신체의 우(右) 위 방향으로 향하여 (동그라미의 東南방향) 이동하여 돌며 위로 들어올려서, 머리와 같은 높이에 다다른다. 좌장(左掌)은 동시에 팔을 밖으로 돌리며, 우장(右掌)을 따라서 돌아 움직여서, 오른팔 팔꿈치 안쪽 옆에 위치하고, 양장(掌)은 앙장(仰掌)이 된다. 눈은 우장(右掌)을 바라본다.(그림 157)

(그림 157)

2. 앞의 동작이 멈추지 않고, 우장(右掌)은 팔을 안으로 돌리며, 신체의 우(右) 방향으로 향하여 돌아 움직여서, 수장(豎掌)이 된다. 좌장(左掌)은 따라서 팔을 안으로 돌리며, 팔꿈치를 굽혀 오른쪽 옆구리 옆으로 향하여 아래로 "억눌러서(按)", 장심(掌心)이 아래로 향한다. 상체는 계속하여 우(右)로 돌아 움직인다. 머리는 우장(右掌)을 따라서 우(右) 방향으로 향하여 비틀어 돌리고, 눈은 우장(右掌)을 바라본다. (그림 158)

(그림 158)

3. 오른발 발끝을 밖으로 벌리고, 왼발이 보(步)를 나가며, 북(北)으로부터 시작하여 동(東)으로 향하고 남(南)으로 향하고 서(西)로 향하고 북(北)으로 향하여 동그라미를 따라서 한바퀴 걷는다. 북(北)쪽 방향의 원래 기점에 도착하여 (그림 158)과 같을 때에, 다시 다음 권식을 바꾸어 연결한다.

요점

제1장의 제4동작인 홍안출군(鴻雁出群)과 같으나, 방향이 반대이다.

14. 제비처럼 날쌔게 후려쳐 막다 (左)
紫燕抛翦 (左)

왼발이 오른발 앞(東쪽 방향)으로 향하여 1보를 성큼 나아가고, 양발은 거꾸로 된 八(팔)자 보가 된다. 우장(右掌)은 동시에 팔을 밖으로 돌리며, 엄지 외측이 위로 향하게 하여서, 왼팔 위를 거쳐 좌측(左側)으로 향하여 "밀쳐(推)" 나가고, 장심(掌心)이 밖으로 향한다. 좌장(左掌)은 오른팔 아래에 내밀어서, 새끼손가락 외측이 비스듬히 위로 향

(그림 159)

하며, 양 장(掌)은 상하로 교차한다. 머리는 좌(左)로 향하여 돌리고, 눈은 우장(右掌)을 바라본다. (그림 159)

요점

제1장의 제5동작인 자연포전(紫燕抛翦)과 같으나, 방향이 반대이다.

15. 코뿔소가 달을 바라보다 (右)
犀牛望月 (右)

오른발이 우측(右側)방향으로 향하여 조금 이동하고, 상체는 조금 우(右)로 돌린다. 우장(右掌)은 동시에 팔꿈치를 굽혀 우측(右側) 위 방향으로 향하여 가로져서 지탱하여 막으며 위로 쳐들어서, 엄지 외 측이 아래로 향하고, 장심(掌心)이 밖으로 향한다. 좌장(左掌)은 동시에 팔을 밖으로 돌려 장심(掌心)이 우(右)로 향하게 하고, 손가락이 아래로 향하며, 팔꿈치를 굽혀 우(右)로 향하여 "밀쳐(推)" 나간다. 눈은 우장(右掌)을 바라본다. (그림 160)

(그림 160)

요점

제6장의 제4동작인 서우망월(犀牛望月)과 같으나, 방향이 반대이다.

16. 천왕이 탑을 받쳐들다 (左)
天王托塔 (左)

왼발이 오른발 앞으로 향하여 1보를 성큼 나아가고, 상체는 뒤로 앉히며, 좌장(左掌)은 앞으로 향하여 팔꿈치를 굽혀 위로 "받쳐들고(托)", 우장(右掌)은 동시에 팔을 밖으로 돌리며, 팔꿈치를 굽혀 장심(掌心)이 위로 향하게 하고, 탁장(托掌)이 된다. 눈은 좌장(左掌)을 바라본다. (그림 161)

(그림 161)

요점

제6장의 제5동작인 천왕탁탑(天王托塔)과 같으나, 방향이 반대이다.

17. 흰 뱀이 혀를 날름거리다 (右)
白蛇吐信 (右)

1. 왼발 발끝을 안으로 "꺾어 돌리고(扣)", 상체는 우(右)로 돌리며, 오른발은 동시에 우(右)로 반보(半步)를 이동하고, 양 다리는 무릎을 굽혀 약간 웅크려 앉는다. 좌장(左掌)은 이에 따라서 위로 향하다 안으로 향하고 아래로 향해 하나의 작은 권(圈 : 동그라미)을 감돌며, 팔을 안으로 돌려서 엄지 외측이 아래로 향하게 하고, 장심(掌心)이 좌(左)로 향한다. 우장(右掌)은 오른쪽 어깨 옆으로 내리며, 식지와 중지(中指)를 합쳐 모으고, 나머지 세 손가락은 단단히 모아 잡아서, 수심(手心)이 위로 향한다. 눈은 좌장(左掌)을 바라본다. (그림 162)

(그림 162)

2. 왼다리는 곧게 펴며 일어서고, 오른다리는 무릎을 굽혀 몸 앞에 들어 올려서, 발끝을 아래로 내려뜨린다. 상체는 조금 우(右)로 돌린다. 우장(右掌) 손가락은 이에 따라서 몸 앞으로 향하여 팔꿈치를 굽히며 손가락이 나가고, 수심(手心)이 위로 향한다. 좌장(左掌)은 동시에 팔을 안으로 돌리고, 손목을 곧게 펴며 장심(掌心)을 뒤집어 위로 향하게 한다. 눈은 우장(右掌) 손가락을 바라본다. (그림 163)

(그림 163)

요점

제6장의 제6동작인 백사토신(白蛇吐信)과 같으나, 방향이 반대이다.

18. 사나운 범이 우리에서 나오다 (右)
猛虎出柙 (右)

오른발이 몸 뒤를 지나며 서(西)쪽으로 향하여 보(步)를 내리고, 상체는 이에 따라서 우(右)로부터 뒤로 향하여 돌려서, 서(西)쪽 방향으로 향하고, 왼발은 즉각 오른발 앞으로 향하여 1보를 성큼 나아가고, 양 다리는 무릎을 굽히고, 상체는 뒤로 앉힌다. 양 장(掌)은 몸을 돌릴 때에 팔꿈치를 굽혀 배 부위로 거두어들이고, 왼발이 보(步)를 나갈 때에 좌장(左掌)은 위로 향하여 팔꿈치를 굽히며 "뚫고 지나(穿)" 나가서, 나선장(螺旋掌)이 되고, 새끼손가락 외측이 얼굴로 향하고, 우장(右掌)은 동시에 몸 앞으로 향하여 "밀쳐(推)" 나가서, 수장(豎掌)이 된다. 눈은 우장(右掌)을 바라본다. (그림 164)

(그림 164)

요점
제2장의 제5동작인 맹호출합(猛虎出柙)과 같으나, 방향이 반대이다.

19. 금빛 닭이 날갯죽지를 펴다 (右)
錦鷄撒膀 (右)

좌장(左掌)이 위로부터 가슴 앞을 지나 팔꿈치를 굽히며 아래로 내려서, 왼쪽 허리 옆에 대어 버티고, 엄지가 뒤에 있고, 나머지 네 손가락은 앞에 있다. 오른발은 동시에 동북(東北)방향으로 향하여 내밀어 나가고, 오른다리는 곧게 뻗는다. 왼발 발끝은 동시에 안으로 "꺾어 돌리고(扣)", 왼다리는 무릎을 굽혀 아래로 웅크려 앉는다. 우장(右掌)은 이에 따라서 오른다리와 같은 방향으로 가지런히 하며 팔을 뒤집어 내어 뻗고, 장심(掌心)은 뒤집어 위로 향한다. 머리는 우장(右掌)을 따라서 우(右)로 향하여 비틀어 돌리고, 상체는 앞으로 숙여 구부리며, 눈은 우장(右掌)을 바라본다. (그림 165)

(그림 165)

요점

제2장의 제6동작인 금계살방(錦鷄撒膀)과 같으나, 방향이 반대이다.

20. 남몰래 꽃을 옮겨 나무에 붙이다 (右)
移花接木 (右)

오른발 발끝을 밖으로 벌리며, 상체는 곧바르게 일으키고, 왼다리는 곧게 펴며, 왼발은 이에 쫓아 반보(半步)를 나아간다. 우장(右掌)은

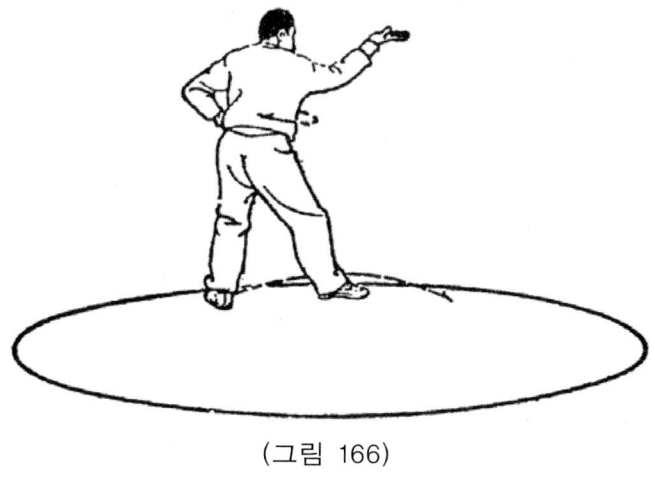

(그림 166)

팔을 밖으로 돌려서 장심(掌心)이 위로 향하게 하며, 아래에서 위로 "밀어 올려서(托起)", 앙장(仰掌)이 되고, 팔꿈치는 조금 굽힌다. 눈은 우장(右掌)을 바라본다. (그림 166)

요점

제2장의 제7동작인 이화접목(移花接木)과 같으나, 방향이 반대이다.

21. 뒤통수로 투구를 벗기다 (左)
腦後摘盔 (左)

1. 왼발이 오른발 앞쪽 방향으로 향하여 보(步)를 나가고, 발끝을 안으로 "꺾어 다잡고(扣)", 거꾸로 된 八(팔)자 보(步)가 된다. 신체는 동시에 우(右)로 돌린다. 좌장(左掌)은 팔을 밖으로 돌려서 장심(掌心)이 위로 향하게 하며, 왼쪽 허리 옆으로부터 오른팔 아래를 지나서 우(右)로 향하여 "꿰뚫어(穿)" 나간다. 우장(右掌)의 위치는 변하지 않고, 양 팔은 상하로 교차한다. 눈은 좌장(左掌)을 바라본다. (그림 167)

(그림 167)

2. 양 발은 움직이지 않고, 좌장(左掌)은 오른팔 아래를 지나 좌(左)로 향하며 위로 향해 비스듬히 벌여 놓으며 위로 쳐들어서, 장심(掌心)이 여전히 위로 향한다. 상체는 따라서 좌(左)로 돌린다. 우장(右掌)은 추세를 따라서 팔꿈치를 굽히며 왼팔 팔꿈치 안쪽 옆에 위치한다. 눈은 좌장(左掌)을 바라본다. (그림 168)

(그림 168)

3. 앞의 동작이 멈추지 않고, 좌장(左掌)이 좌(左) 위 방향으로부터 팔꿈치를 굽히며 뒤통수로 향하여 이동하여 돌린다. 뒤통수에 도달할 때, 머리 정수리 위 방향으로 향하여 받쳐들어 올린다. 우장(右掌)은 왼팔 팔꿈치 안쪽 옆으로부터 배 앞으로 내리고, 여전히 앙장(仰掌)이다. 양 눈은 앞으로 향하여 수평으로 바라본다. (그림 169)

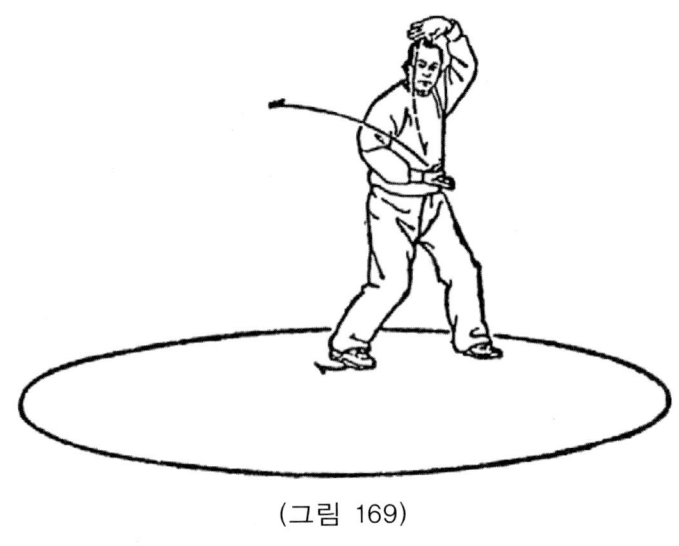

(그림 169)

요점

제2장의 제8동작인 뇌후적회(腦後摘盔)와 같으나, 방향이 반대이다.

22. 가슴속에 달을 품다 (右)
懷中抱月 (右)

쇄장(左掌)이 몸 앞을 지나 아래로 내려서, 왼쪽 허리 앞에 위치하고, 엄지가 뒤로 향하며, 부장(俯掌)이 된다. 오른발은 우(右)로 향하여 내밀어 나가고, 상체는 이에 따라서 우(右)로 돌린다. 우장(右掌)은 동시에 팔꿈치를 굽히며 우(右)로 향하여 "버팅겨 밀쳐(掤)" 나가서, 엄지 외측이 위로 향하고, 장심(掌心)이 안으로 향하며, "허리를 안아 품는(抱腰)" 모양을 취한다. 눈은 우장(右掌)을 바라본다. (그림 170)

(그림 170)

요점

제2장의 제9동작인 회중포월(懷中抱月)과 같으나, 방향이 반대이다.

제7장(掌)

1. 잎 밑에 꽃을 감추다 (右)
葉底藏花 (右)

왼발이 오른발의 앞 방향으로 향하여 1보를 성큼 나아가고, 발끝을 안으로 "꺾어 돌린다(扣)". 양 다리는 조금 굽힌다. 상체는 우(右)로 돌려서 북(北)쪽 방향으로 향한다. 우장(右掌)은 동시에 팔을 안으로 돌리며 새끼손가락 외측이 위로 향하고 엄지 외측이 아래로 향하게 하여서, 팔꿈치를 굽혀 가슴 앞에 에워싸 안는다. 좌장(左掌)은 이에 따라서 오른쪽 겨드랑이 아래로 평평하게 "꿰뚫어(穿)" 나가고, 장심(掌心)이 위로 향하며, 팔꿈치를 굽혀 에워싸 안는다. (그림 171)

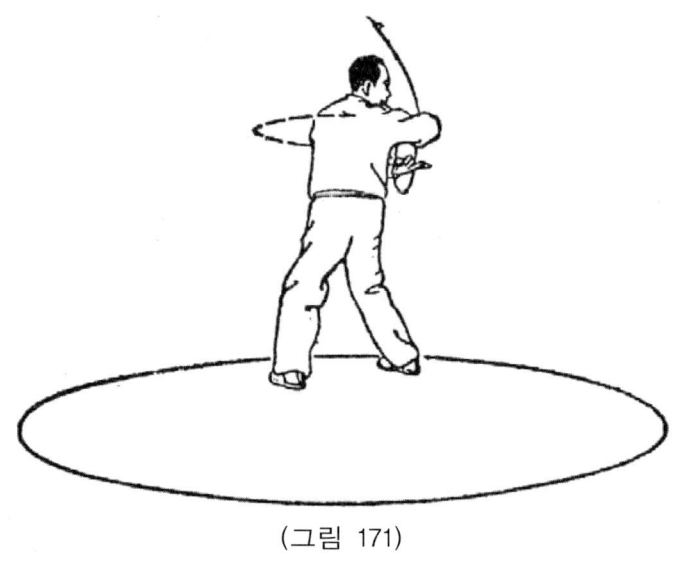

(그림 171)

요점

제1장의 제3동작인 엽저장화(葉底藏花)와 같다.

2. 사자가 공을 품어 안다 (左)
獅子抱球 (左)

1. 왼발 발끝을 밖으로 벌리며, 상체는 이에 따라서 좌(左)로 돌려 서(西)쪽으로 향하고, 좌장(左掌)은 오른쪽 겨드랑이 아래로부터 앞으로 향하다 좌(左)로 향해 팔꿈치를 굽혀 평평하게 "내저어서(攦)", 장심(掌心)이 위로 향하며, 탁장(托掌)이 된다. 우장(右掌)은 동시에 오른쪽 가슴 앞으로부터 아래로 가라앉다가, 즉시 머리 위 방향으로 향하여 팔꿈치를 굽혀 "밀어 올려서(托起)", 장심(掌心)이 위로 향하며, 탁장(托掌)이 된다. 눈은 좌장(左掌)을 바라본다. (그림 172)

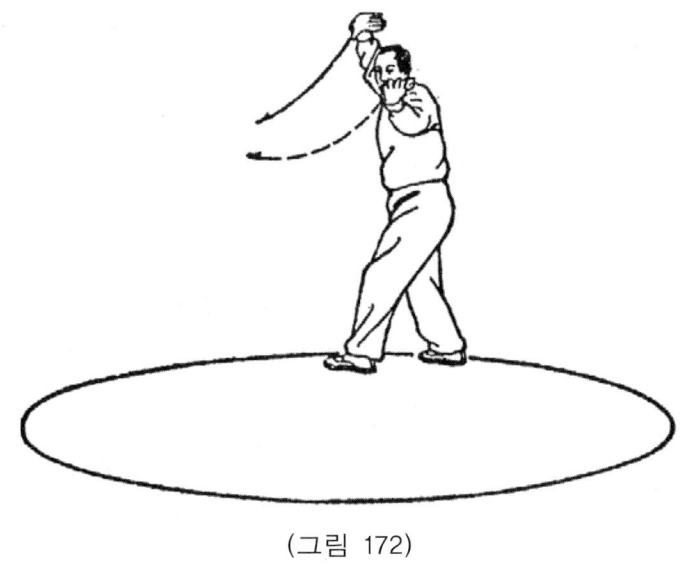

(그림 172)

2. 왼발 발끝을 밖으로 벌리고, 오른발이 보(步)를 나가고, 북(北)쪽으로부터 시작하여 서(西)로 향하고 남(南)으로 향하고 동(東)으로 향하고 북(北)으로 향하여 동그라미를 따라서 한 바퀴를 걷는다. 북(北)쪽 방향의 원래 기점에 도달하여 (그림 172)와 같을 때에, 다시 다음 권식을 바꾸어 연결한다.

요점

오른팔은 반원(半圓)형으로 굽혀야 하고, 좌장(左掌)은 어깨를 조금 초과하고, 양 어깨는 아래로 "느슨히 가라앉히며(鬆沉)", "가슴을 함축하고 등배를 뽑아 내민다(涵胸拔背)".

3. 사자가 공을 굴리다 (右)
獅子滾球 (右)

1. 좌장(左掌)이 팔을 안으로 돌리며, 몸 앞으로 향하여 팔꿈치를 굽히며 평평하게 "내젓고(擺)", 우장(右掌)은 동시에 위로부터 몸 앞으로 향하여 아래로 내리고, 장심(掌心) 모두 서북(西北)방향으로 향한다. 눈은 우장(右掌)을 바라본다. (그림 173)

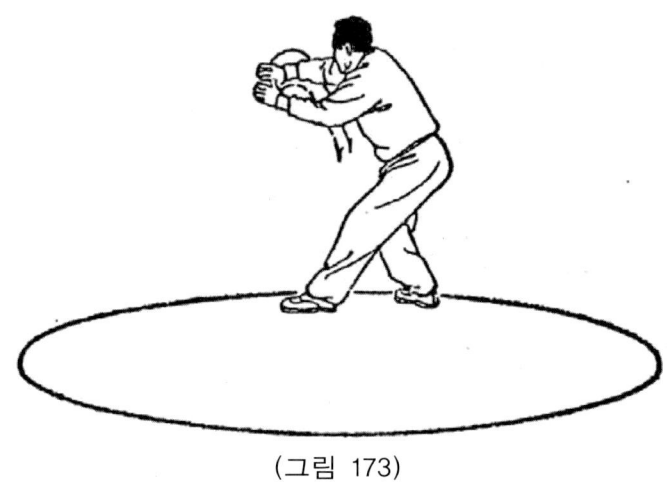

(그림 173)

2. 앞의 동작이 멈추지 않고, 양 장(掌)은 우(右)로 향하다 아래로 향하고 배 앞으로 향해 팔꿈치를 굽혀 호형(弧形 : 둥근 활모양)으로 "휘저어 흔들어(擺動)", 배 앞에 이를 때에, 양 장(掌)의 중지(中指)가 서로 마주하고, 장심(掌心)이 아래로 향한다. 눈은 앞으로 향하여 수평

으로 바라본다. (그림 174)

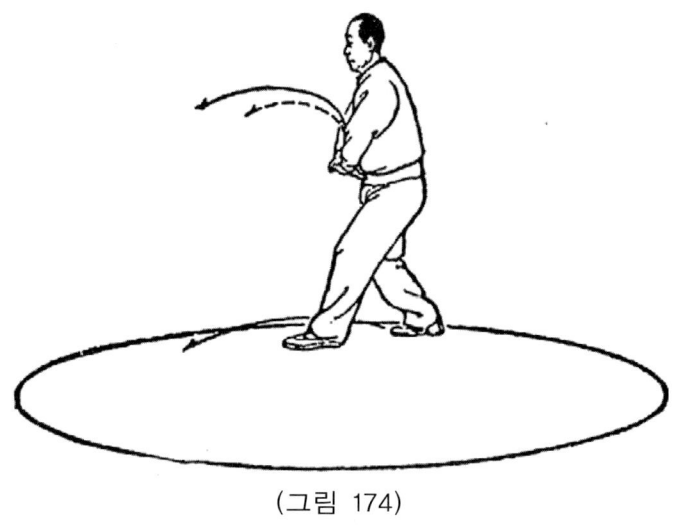

(그림 174)

요점

양 장(掌)은 공을 "누르는(按)" 모양과 같고, 머리는 위로 "떠받치고 (頂)", 양 어깨는 "느슨하게 한다(放鬆)".

4. 사자가 공을 치다 (右)
獅子撲球 (右)

오른발이 왼발 앞으로 향하여 1보를 성큼 나아가고, 양 다리는 무릎을 굽히며, 상체는 뒤로 앉힌다. 양 장(掌)은 동시에 배 부위로부터 팔꿈치를 굽혀 가슴 부위로 들어올려서, 가슴 부위에 도달할 때, 양 장(掌)은 위로 향하다 앞으로 향해 장(掌)을 "억누르며(按)" "달려들어 내려쳐(撲)" 나가고, 장심(掌心)이 아래로 향하며, 부장(俯掌)이 된다. 우장(右掌)은 오른발과 상하로 서로 마주하고, 가슴과 같은 높이이다. 좌장(左掌)은 오른팔 팔꿈치 안쪽 옆에 있고, 우장(右掌)보다 조금 낮

다. 양 팔 모두 균등히 조금 굽힌다. 눈은 우장(右掌)을 바라본다. (그림 175)

(그림 175)

요점

어깨를 느슨히 하고 팔꿈치를 가라앉히며, "가슴을 함축하고 등배를 뽑아 내민다(涵胸拔背)".

5. 사지가 입을 열다 (右)
獅子張嘴 (右)

상체는 좌(左)로 돌려 동(東)쪽으로 향하며, 왼발은 이에 따라서 앞으로 반보(半步)를 나아가고, 오른발이 반보를 뒤좇아 나아가서, 왼다리는 무릎을 조금 굽히고, 오른다리는 곧게 편다. 양 장(掌)은 몸을 돌릴 때에, 팔꿈치를 굽혀 배 부위로 거두어들인다. 몸을 돌린 후에 좌장(左掌)은 팔을 밖으로 돌리며, 팔꿈치를 굽혀 위로 쳐들고, 새끼손가락 외측이 안으로 향하고, 손가락이 위로 향한다. 우장(右掌)은 동시에 앞으로 향하여 팔꿈치를 굽혀 평평하게 "내뻗어(伸)" "받쳐들어 (托)" 나가서, 장심(掌心)이 위로 향하며, 손가락은 앞쪽 아래 방향으로 향한다. 눈은 우장(右掌)을 바라본다. (그림 176)

(그림 176)

요점

어깨를 느슨히 하고 팔꿈치를 가라앉히며, 우장(右掌)에 힘을 들인다. 왼팔 아래팔뚝은 위로 쳐들어 수직(垂直)이고, 좌장(左掌)은 머리보다 조금 높다. 오른팔은 조금 굽히고, 우장(右掌)은 가슴과 같은 높이이다.

6. 사자가 몸을 돌리다 (右)

獅子翻身 (右)

1. 오른발이 왼발 앞으로 향하여 1보를 성큼 나아가고, 발끝을 안으로 "꺾어 돌린다(扣)". 상체는 이에 따라서 좌(左)로 돌려서, 동북(東

北)쪽으로 향한다. 우장(右掌)은 동시에 정동(正東)쪽 앞 방향으로 향하여 팔꿈치를 굽혀 "밀어 올려서(托起)", 장심(掌心)이 위로 향하고, 손가락은 앞으로 향한다. 좌장(左掌)은 이에 따라서 위로부터 오른팔 팔꿈치 아래 방향으로 내리고, 엄지 외측이 아래로 향하며, 장심(掌心)이 앞으로 향한다. 눈은 우장(右掌)을 바라본다. (그림 177)

(그림 177)

2. 앞의 동작이 멈추지 않고, 상체는 좌(左)로 돌려 시북(西北)쪽으로 향한다. 우장(右掌)은 팔꿈치를 굽혀 머리 위에서 뒤로 향하다 좌(左)로 향해 평평하게 감돌아서, 왼쪽 이마 위 방향에 멈추고, 장심(掌心)은 여전히 위로 향한다. 좌장(左掌)은 이에 따라서 아래로 향하다 몸 뒤로 향해 감돌아서, 몸 뒤에 도달할 때, 장심(掌心)이 뒤로 향하고, 손가락이 우(右)로 향한다. 눈은 좌(左) 앞 방향을 바라본다. (그림 178)

요점

첫째 동작 시에, 오른팔은 굽혀서 90도의 각도를 이루고, 아래팔뚝은 수직(垂直)이 되어야 하며, 우장(右掌)은 머리보다 조금 높다. 왼팔

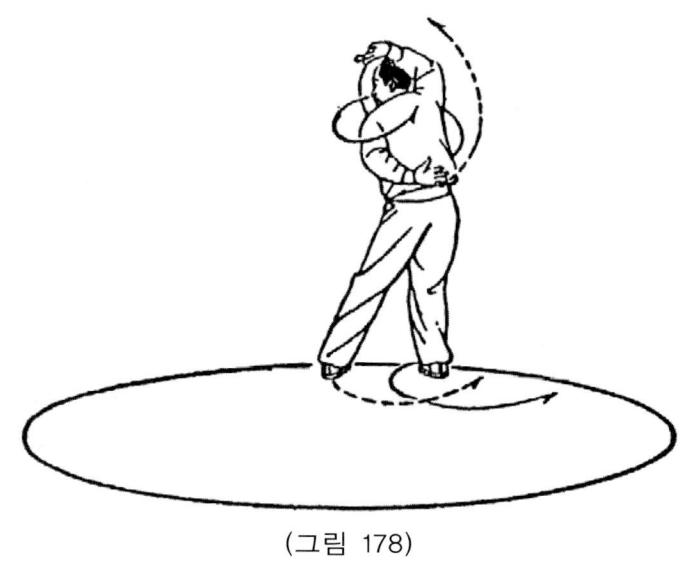

(그림 178)

은 굽혀서 반원(半圓)을 이루고, 몸 앞을 에워 싸 호위한다. 상체의 중량 대부분은 왼다리에 내려 앉힌다. 둘째 동작 시에, 양 팔은 균등하게 굽히고, 상체의 중량 대부분은 오른다리로 이동하여 앉힌다.

7. 사자가 공을 품어 안다 (右)
獅子抱球 (右)

1. 왼발이 몸 뒤를 지나 우(右)로 향하여 남몰래 슬쩍 보(步)를 나가고, 신체는 동시에 좌(左)로부터 뒤로 향하다 동(東)쪽으로 향해 돌리고, 오른발은 이에 따라서 앞으로 1보를 나아가서, 양다리는 조금 굽히고, 상체는 뒤로 앉힌다. 우장(右掌)은 몸을 돌리는 동시에 위로부터 아래로 향하다 오른쪽 허리 옆으로 향하고 뒤로 향해 팔을 뒤집어 돌리며 내뻗어 나가고, 즉시 팔을 밖으로 돌려서 장심(掌心)이 위로 향하게 하며, 뒤로부터 우(右)로 향하여 팔꿈치를 굽혀 평평하게 "내저어서 (擺)", 탁장(托掌)이 된다. 좌장(左掌)은 곧 몸을 돌린 후에 몸 뒤로부터

좌(左)를 지나 머리 위 방향으로 향해 팔꿈치를 굽혀 "밀어 올려서(托起)", 탁장(托掌)이 된다. 눈은 우장(右掌)을 바라본다. (그림 179)

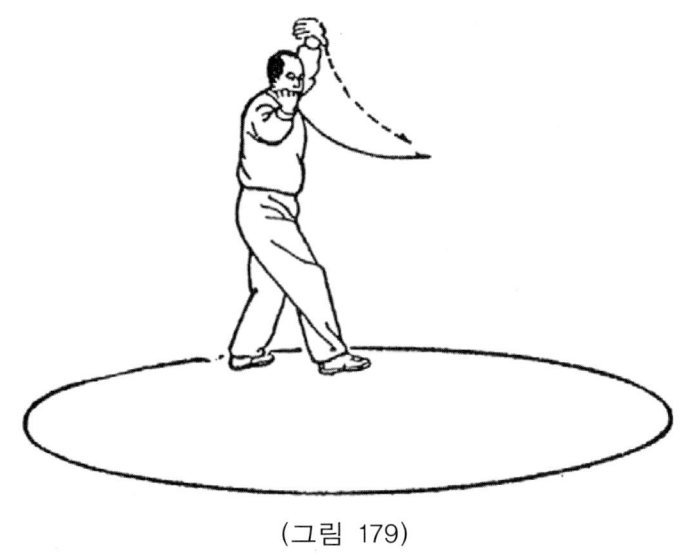

(그림 179)

2. 오른발 발끝을 밖으로 벌리고, 왼발이 보(步)를 나가고, 북(北)쪽으로부터 시작하여 동(東)으로 향하고 남(南)으로 향하고 서(西)로 향하고 북(北)으로 향하여 동그라미를 따라서 한 바퀴를 걷는다. 북(北)쪽 방향의 원래 기점에 도달하여 (그림 179)와 같을 때에, 다시 다음 권식을 바꾸어 연결한다.

요점

제7장의 제2동작인 사자포구(獅子抱球)와 같으나, 방향이 반대이다.

8. 사자가 공을 굴리다 (左)
獅子滾球 (左)

1. 우장(右掌)이 팔을 안으로 돌리며, 몸 앞으로 향하여 팔꿈치를 굽

히며 평평하게 "내젓고(擺)", 좌장(左掌)은 동시에 위로부터 몸 앞으로 향하여 아래로 내리고, 양 장(掌) 모두 동북(東北)방향으로 향한다. 눈은 좌장(左掌)을 바라본다. (그림 180)

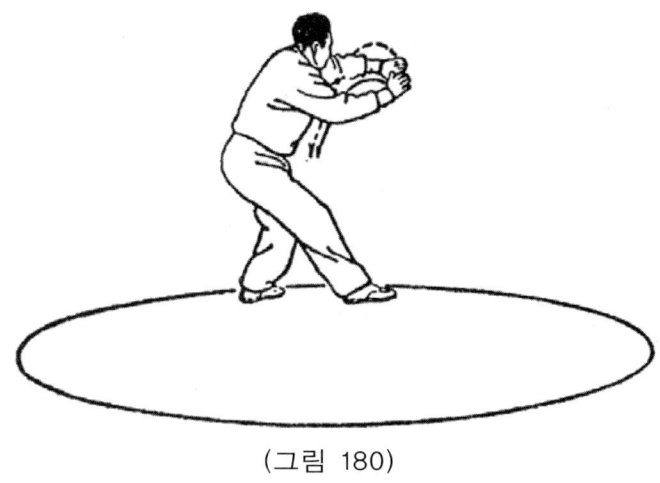

(그림 180)

2. 앞의 동작이 멈추지 않고, 양 장(掌)은 좌(左)로 향하다 아래로 향하고 배 앞으로 향해 팔꿈치를 굽혀 호형(弧形 : 둥근 활모양)으로 "휘저어 흔들어(擺動)", 배 앞에 이를 때에, 양 장(掌)의 중지(中指)가 서로 마주하고, 장심(掌心)이 아래로 향한다. 눈은 앞으로 향하여 수평

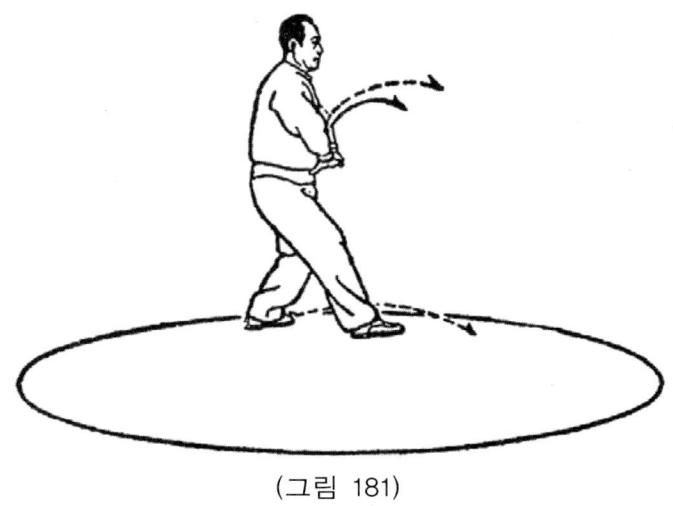

(그림 181)

으로 바라본다. (그림 181)

요점

제7장의 제3동작인 사자곤구(獅子滾球)와 같으나, 방향이 반대이다.

9. 사자가 공을 치다 (左)
獅子撲球 (左)

왼발이 오른발 앞으로 향하여 1보를 성큼 나아가고, 양 다리는 무릎을 굽히며, 상체는 뒤로 앉힌다. 양 장(掌)은 동시에 배 부위로부터 팔꿈치를 굽혀 가슴 부위로 들어올려서, 가슴 부위에 도달할 때, 양 장(掌)은 위로 향하다 앞으로 향해 장(掌)을 "억누르며(按)" "달려들어 내려쳐(撲)" 나가고, 장심(掌心)이 아래로 향하며, 부장(俯掌)이 된다. 좌장(左掌)은 왼발과 상하로 서로 마주하고, 가슴과 같은 높이이다. 우장(右掌)은 왼팔 팔꿈치 안쪽 옆에 있고, 좌장(左掌)보다 조금 낮다. 양 팔 모두 조금 굽힌다. 눈은 좌장(左掌)을 바라본다. (그림 182)

(그림 182)

요점

제7장의 제4동작인 사자박구(獅子撲球)와 같으나, 방향이 반대이다.

10. 사자가 입을 열다 (左)
獅子張嘴 (左)

상체는 우(右)로 돌려 서(西)쪽으로 향하며, 오른발은 이에 따라서 앞으로 반보(半步)를 나아가고, 왼발이 반보를 뒤좇아 나아가서, 오른다리는 무릎을 조금 굽히고, 왼다리는 곧게 편다. 양 장(掌)은 몸을 돌릴 때에, 팔꿈치를 굽혀 배 부위로 거두어들인다. 몸을 돌린 후에 우장(右掌)은 팔을 밖으로 돌리며, 팔꿈치를 굽혀 위로 쳐들고, 새끼손가락 외측이 안으로 향하고, 손가락이 위로 향한다. 좌장(左掌)은 동시에 앞으로 향하여 팔꿈치를 굽혀 평평하게 "내뻗어(伸)" "받쳐들어(托)" 나가서, 장심(掌心)이 위로 향하며, 손가락은 앞쪽 아래 방향으로 향한다. 눈은 좌장(左掌)을 바라본다. (그림 183)

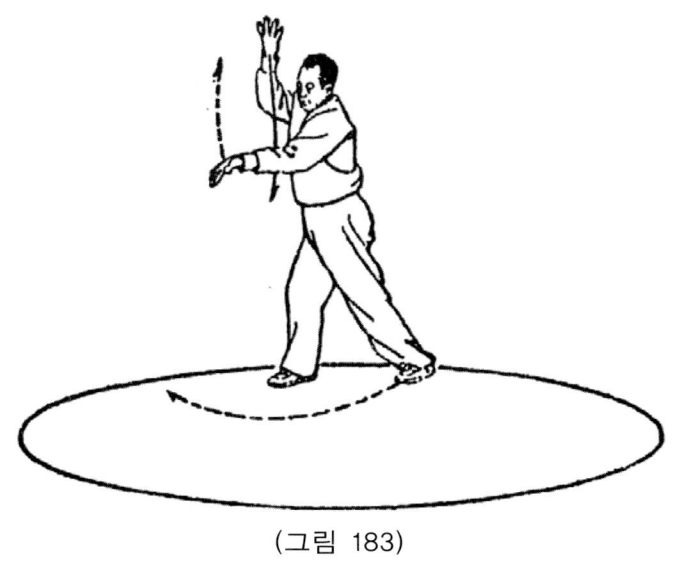

(그림 183)

요점

제7장의 제5동작인 사자장취(獅子張嘴)와 같으나, 방향이 반대이다.

11. 사자가 몸을 돌리다 (左)
獅子翻身 (左)

1. 왼발이 오른발 앞으로 향하여 1보를 성큼 나아가고, 발끝을 안으로 "꺾어 돌린다(扣)". 상체는 이에 따라서 우(右)로 돌려서, 서북(西北)쪽으로 향한다. 좌장(左掌)은 동시에 정서(正西)쪽 방향으로 향하여 팔꿈치를 굽혀 "밀어 올려서(托起)", 장심(掌心)이 위로 향하고, 손가락은 앞으로 향한다. 우장(右掌)은 이에 따라서 위로부터 왼팔 팔꿈치 아래 방향으로 내리고, 엄지 외측이 아래로 향하며, 장심(掌心)이 앞으로 향한다. 눈은 좌장(左掌)을 바라본다. (그림 184)

(그림 184)

2. 앞의 동작이 멈추지 않고, 상체는 우(右)로 돌려 동북(東北)쪽으로 향한다. 좌장(左掌)은 팔꿈치를 굽혀 머리 위에서 뒤로 향하다 우

(右)로 향해 평평하게 감돌아서, 오른쪽 이마 위 방향에 멈추고, 장심(掌心)은 여전히 위로 향한다. 우장(右掌)은 이에 따라서 아래로 향하다 몸 뒤로 향해 감돌아서, 몸 뒤에 도달할 때, 장심(掌心)이 뒤로 향하고, 손가락이 좌(左)로 향한다. 눈은 우(右) 앞 방향을 바라본다. (그림 185)

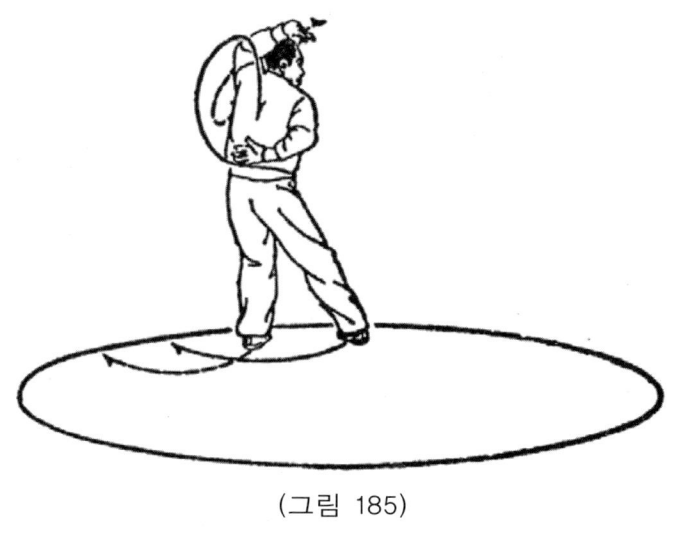

(그림 185)

요점

제7장의 제6동작인 사자번신(獅子翻身)과 같으나, 방향이 반대이다.

제8장(掌)

1. 천마가 허공에 달리다 (左)
天馬行空 (左)

1. 오른발이 몸 뒤를 지나 좌(左)로 향하여 남몰래 살짝 보(步)가 나가고, 신체는 동시에 우(右)로부터 뒤로 향하다 서(西)쪽으로 향해 돌리고, 왼발은 이에 따라서 1보를 앞으로 나아가고, 양 다리는 조금 굽히고, 상체는 뒤로 앉힌다. 좌장(左掌)은 몸을 돌리는 동시에 위로부터 아래로 향하다 왼쪽 허리 옆으로 향하며 뒤로 향해 팔을 뒤집으며 내밀어 나가고, 즉시 팔을 밖으로 돌려 장심(掌心)이 위로 향하게 하고, 뒤로부터 좌(左)로 향하다 위로 향해 팔꿈치를 굽혀 위로 쳐들고, 새끼손가락 외측이 안으로 향하고, 장심(掌心)이 위로 향한다. 우장(右掌)은 곧 몸을 돌린 후에 몸 뒤로부터 우(右)를 지나 위로 향하여 팔꿈치를 굽혀 쳐들어 올리고, 즉시 위로부터 가슴 앞을 지나 팔꿈치를 굽혀 아래로 내리고, 왼팔 팔꿈치 아래 방향으로 향하여 장(掌)을

(그림 186)

"누르고(按)", 엄지 외측이 안으로 향하고, 장심(掌心)이 아래로 향한다. 눈은 좌장(左掌)을 바라본다. (그림 186)

2. 왼발 발끝을 밖으로 벌리고, 오른발이 보(步)를 나가고, 북(北)쪽으로부터 시작하여 서(西)로 향하고 남(南)으로 향하고 동(東)으로 향하고 북(北)으로 향해 동그라미를 따라서 한바퀴를 걷는다. 북(北)쪽 방향의 원래 기점에 도달하여 (그림 186)과 같을 때에, 다시 다음 권식으로 바꾸어 연결한다.

요점

허리는 좌(左)로 향하여 비틀어 돌리고, 양 어깨는 느슨하게 가라앉힌다.

2. 말 위에서 활을 쏘다 (左)
馬上開弓 (左)

1. 왼발 발끝을 밖으로 벌리고, 오른발이 1보를 크게 내딛어 나가고, 양 다리는 무릎을 굽혀 약간 웅크려 앉아서 마보(馬步)가 된다. 좌장

(그림 187)

(左掌)은 동시에 위로부터 우(右)로 향하여 "밀쳐(推)" 나가고, 손가락이 위로 향하고, 장심(掌心)이 우(右)로 향한다. 양 팔은 가슴 앞에서 상하로 교차한다. 눈은 좌장(左掌)을 바라본다. (그림 187)

2. 왼발이 좌(左)로 향하여 반보(半步)를 이동하고, 오른발이 반보를 좇아 나아가서, 여전히 마보(馬步)가 된다. 우장(右掌)은 동시에 신체의 우(右) 방향으로 향하여 평평하게 "내밀어(伸)" "깎아질러(削)" 나가서, 여전히 부장(俯掌)이 되고, 팔꿈치는 조금 굽힌다. 좌장(左掌)은 곧 얼굴부위를 지나고, 머리 위 방향으로 향하여 팔꿈치를 굽혀 "받쳐 지탱하여(架)" 올리고, 장심(掌心)이 앞으로 향하며, 엄지 외측이 아래로 향한다. 눈은 우장(右掌)을 바라본다. (그림 188)

(그림 188)

요점

양 장(掌)의 동작은 반드시 양 발의 동작과 협조하여 일치해야 하고, 우장(右掌)이 깎아지르며 내뻗는 동작은 옆구리와 같은 높이에 다다르고, 좌장(左掌)이 위로 받쳐 지탱하는 동작은 머리보다 조금 높고, 신체의 중심(重心)은 앞혀서 양 다리 사이에 내린다.

3. 금빛 뱀이 능수버들을 휘감다 (左)
金蛇盤柳 (左)

오른발이 몸 뒤를 지나 좌(左)로 향하여 남몰래 살짝 보(步)를 나간다. 양 다리가 교차하여 무릎을 굽혀 약간 웅크려 앉는다. 좌장(左掌)은 동시에 머리 위 방향으로부터 우(右) 아래 방향으로 향하여 팔을 곧게 펴며 내뻗어 나가서, 장심(掌心)이 우(右)로 향하고, 손가락이 아래로 향한다. 우장(右掌)은 이에 따라서 우(右)로부터 좌(左) 위 방향으로 향하여 팔꿈치를 굽혀 "쳐들어(挑)" 올려서, 왼쪽 귀 옆에 멈추고, 장심(掌心)이 좌(左)로 향하며, 손가락이 위로 향한다. 눈은 동남(東南)방향 아래로 내려다본다. (그림 189)

(그림 189)

요점

양 다리는 전후로 가까이 접근하고, 오른팔 팔꿈치는 아래로 내려뜨리고, 좌장(左掌)은 왼다리에 바짝 다가붙이고, 양 어깨는 느슨하며 가라앉힌다.

4. 야생마가 구유로 뛰어들다 (左)
野馬闖槽 (左)

왼발이 좌(左)로 향하여 보(步)를 이동하고, 상체는 뒤로 앉히고, 좌장(左掌)은 동시에 동남(東南)방향으로 향하여 팔을 곧게 펴며 앞으로 "걷어 올리고(撩)", 엄지 외측이 위로 향한다. 우장(右掌)은 동시에 왼쪽 귀 옆으로부터 아래로 내려서, 오른쪽 허리 옆에 위치하고, 엄지가 뒤에 있고, 나머지 네 손가락은 앞에 있으며, 부장(俯掌)이 된다. 눈은 좌장(左掌)을 바라본다. (그림 190)

(그림 190)

요점

머리는 위로 "받쳐 올리고(頂)", 어깨와 과(胯)는 느슨히 하며, 좌장(左掌)은 왼발과 상하로 서로 마주한다.

5. 금빛 뱀이 능수버들을 휘감다 (右)
金蛇盤柳 (右)

왼발이 발끝을 밖으로 벌리고, 상체는 이에 따라서 좌(左)로 돌려 동(東)쪽으로 향하고, 양 다리가 교차하며, 무릎을 굽혀 약간 웅크려 앉는다. 우장(右掌)은 동시에 좌(左) 아래 방향으로 향하여 팔을 곧게 펴며 내뻗어 나가서, 장심(掌心)이 좌(左)로 향하고, 손가락이 아래로 향한다. 좌장(左掌)은 이에 따라서 앞으로부터 우(右) 위 방향으로 향하여 팔꿈치를 굽혀 "쳐들어(挑)" 올려서, 오른쪽 귀 옆에 멈추고, 장심(掌心)이 우(右)로 향하며, 손가락이 위로 향한다. 눈은 동남(東南) 방향 아래로 내려다본다. (그림 191)

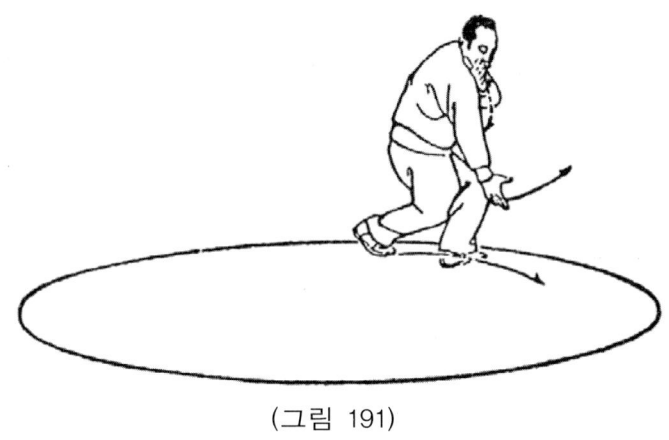

(그림 191)

요점

제8장의 제3동작인 금사반류(金蛇盤柳)와 같으나, 방향이 반대이다.

6. 야생마가 구유로 뛰어들다 (右)
野馬闖槽 (右)

오른발이 동남(東南)방향으로 향하여 1보를 앞으로 나아가고, 상체는 뒤로 앉히고, 우장(右掌)은 동시에 동남(東南)방향으로 향하여 팔을 곧게 펴며 앞으로 "걸어 올리고(撩)", 엄지 외측이 위로 향한다. 좌장(左掌)은 동시에 오른쪽 귀 옆으로부터 아래로 내려서, 왼쪽 허리 옆에 위치하고, 엄지가 뒤에 있고, 나머지 네 손가락은 앞에 있으며, 부장(俯掌)이 된다. 눈은 우장(右掌)을 바라본다. (그림 192)

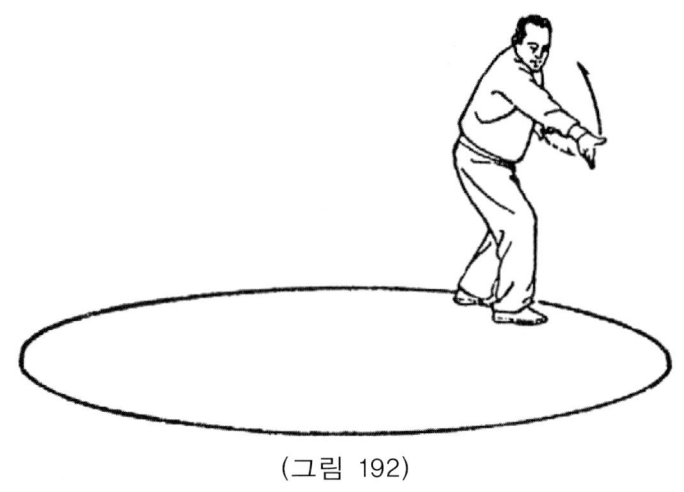

(그림 192)

요점

제8장의 제4동작인 야마틈조(野馬闖槽)와 같으나, 방향이 반대이다.

7. 선동(仙童)이 두꺼비를 희롱하다 (左)
劉海戲蟾 (左)

1. 양 발은 원래 위치에서 변동이 없고, 좌장(左掌)이 오른팔 아래로 향하여 내밀어 나가고, 여전히 부장(俯掌)이다. 우장(右掌)은 팔을 안으로 돌려서 장심(掌心)이 아래로 향하게 하고, 몸 앞으로 향하다 몸 좌(左)로 향해 팔꿈치를 굽혀 평평하게 "휘젓는다(擺)". 눈은 앞으로 향하여 평평하게 바라본다. (그림 193)

2. 오른다리는 무릎을 굽혀서 몸 앞에 들어올리고, 발등은 "팽팽하

(그림 193)

게 잡아당겨 반반하게 한다(繃平)". 왼다리는 똑바로 서고, 무릎은 조금 굽힌다. 우장(右掌)은 동시에 좌(左)로 향하다 위로 향하고 우(右)로 향하며 아래로 향해 팔을 곧게 펴며 휘돌아 가서, 오른다리 아랫다리 앞 방향에 멈추고, 장심(掌心)이 앞으로 향하고, 손가락이 아래로 향한다. 좌장(左掌)은 동시에 아래로 향하다 좌(左)로 향하고 위로 향해 팔

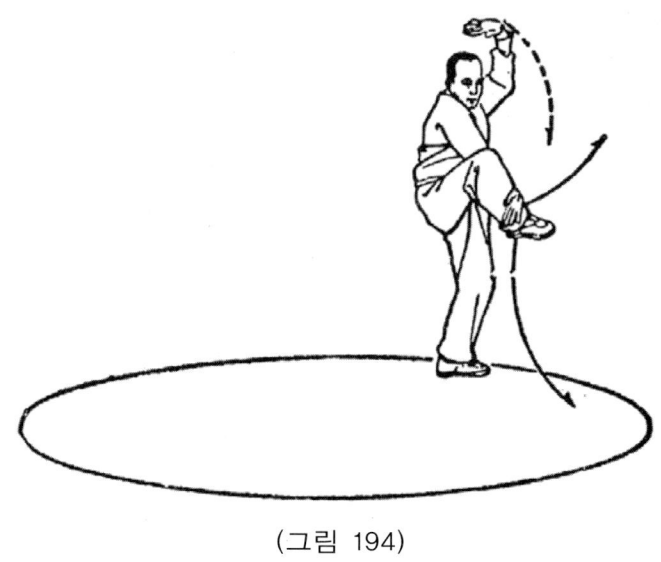

(그림 194)

을 곧게 펴며 휘돌아 가서, 위 방향에 도달할 때 팔꿈치를 굽히며 머리 위에 가로져 받쳐 지탱하고, 장심(掌心)이 위로 향하고, 손가락이 우 (右)로 향한다. 눈은 앞으로 향하여 평평하게 바라본다. (그림 194)

요점

양 장(掌)이 휘돌아 감는 동작은 반드시 협조해야 하고, 오른다리는 가능한 한 힘을 다해 위로 들어올리며, 왼발이 서는 동작은 안정되고 견고해야 한다.

8. 구렁이가 몸을 뒤집다 (右)
大蟒反身 (右)

오른발이 앞으로 향해 보(步)를 내리며, 오른다리는 무릎을 굽히고, 왼다리는 곧게 뻗어서, 우궁전보(右弓箭步)가 된다. 우장(右掌)은 동시에 앞으로 향해 평평하게 내뻗어 "밀어 올려(托)" 나가고, 장심(掌心)이 앞으로 향하고, 손가락이 아래로 향한다. 좌장(左掌)은 머리 위 방향으로부터 팔꿈치를 굽혀 오른팔 팔꿈치 위로 내리고, 장심(掌心)

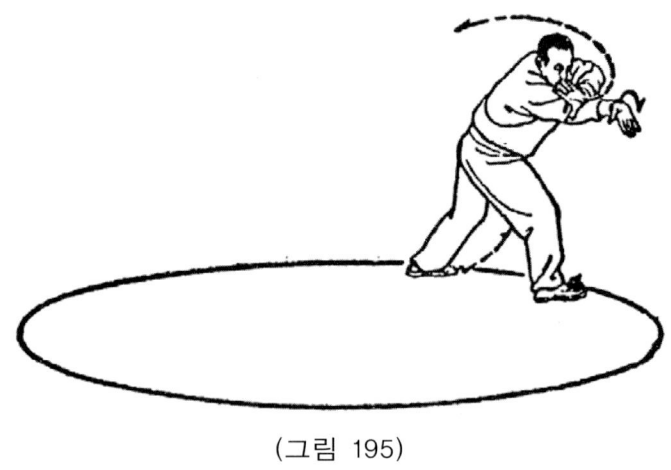

(그림 195)

이 앞으로 향하고, 손가락이 우(右)로 향한다. 신체는 조금 앞으로 향해 기울어지고, 눈은 우장(右掌)을 바라본다. (그림 195)

요점

양 어깨는 느슨하게 하고, 전신의 중심(重心)은 오른다리에 있다.

9. 검은 곰이 발바닥을 내밀다 (左)
黑熊探掌 (左)

오른발 발끝을 안으로 꺾어 돌리고, 상체는 좌(左)로 돌려 서북(西北)쪽으로 향하고, 왼다리는 무릎을 굽혀 들어올리고, 발끝은 아래로 내려뜨린다. 오른다리는 곧게 뻗어 서고, 무릎은 조금 굽힌다. 우장(右掌)은 동시에 팔을 안으로 돌리며, 팔을 뒤집어 몸 뒤에 쳐들고, 장심(掌心)은 뒤집어 위로 향한다. 좌장(左掌)은 이에 따라서 팔꿈치를 굽혀 위로 쳐들고, 머리 위 방향에서 뒤로 향하다 좌(左)로 향하며 앞으로 향해 팔꿈치를 굽혀 하나의 작은 권(圈)을 감돌아서, 몸 앞에 평

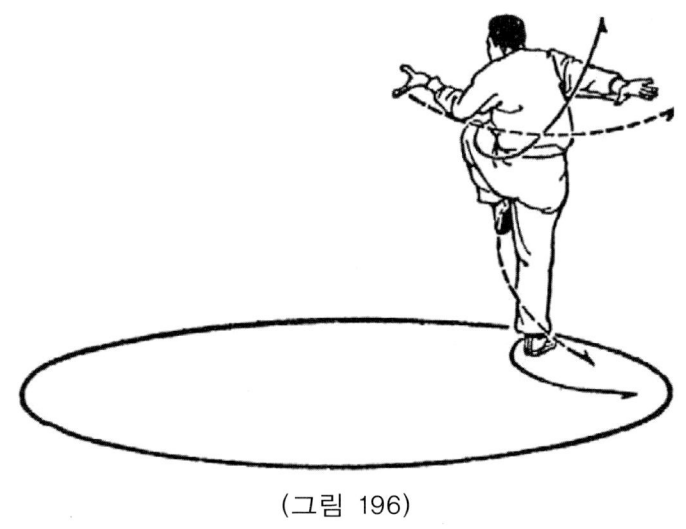

(그림 196)

평하게 쳐들고, 장심(掌心)이 위로 향하며, 손가락이 앞으로 향한다. 눈은 좌장(左掌)을 바라본다. (그림 196)

요점

일어서는 동작은 안정되고 견고해야 하며, 좌장(左掌)은 높이가 눈과 같고, 양 어깨는 느슨하게 한다.

10. 사나운 범이 우리에서 나오다 (左)
猛虎出柙 (左)

왼발이 몸 뒤로 향하여 보(步)를 내리고, 상체는 이에 따라서 좌(左)로부터 뒤로 향하여 돌려서, 동남(東南)쪽 방향으로 향하고, 오른발이 잇따라 앞으로 1보를 나아가고, 양 다리는 무릎을 굽히고, 상체는 뒤로 앉힌다. 양 장(掌)은 몸을 돌릴 때에 팔꿈치를 굽혀 아랫배 앞으로 거두어들이고, 장심(掌心)이 위로 향한다. 몸을 돌린 후에, 우장(右掌)은 위로 향하여 팔꿈치를 굽혀 위로 쳐들어 나선장(螺旋掌)이 되고,

(그림 197)

새끼손가락 외측이 얼굴부위로 향한다. 좌장(左掌)은 동시에 몸 앞으로 향하여 "밀쳐(推)" 나가서, 수장(豎掌)이 된다. 눈은 좌장(左掌)을 바라본다. (그림 197)

요점

제2장의 제5동작인 맹호출합(猛虎出柙)과 같다.

11. 금빛 닭이 날갯죽지를 펴다 (左)
錦鷄撒膀 (左)

우장(右掌)이 위로부터 가슴 앞을 지나 팔꿈치를 굽히며 아래로 내려서, 오른쪽 허리 옆에 대어 버티고, 엄지가 뒤에 있고, 나머지 네 손가락은 앞에 있다. 왼발은 동시에 서북(西北)방향으로 향하여 내밀어, 왼다리는 곧게 뻗는다. 오른발 발끝은 동시에 안으로 "꺾어 돌리고 (扣)", 오른다리는 무릎을 굽혀 아래로 웅크려 앉는다. 좌장(左掌)은 이에 따라서 왼다리와 같은 방향으로 가지런히 하며 팔을 뒤집어 내어 뻗고, 장심(掌心)은 뒤집어 위로 향한다. 머리는 좌장(左掌)을 따라서 좌(左)로 향하여 비틀어 돌리고, 상체는 앞으로 숙여 구부리며, 눈

(그림 198)

은 좌장(左掌)을 바라본다. (그림 198)

요점

제2장의 제6동작인 금계살방(錦鷄撒膀)과 같다.

12. 남몰래 꽃을 옮겨 나무에 붙이다 (左)
移花接木 (左)

왼발 발끝을 밖으로 벌리며, 상체는 곧바르게 일으키고, 오른다리는 곧게 펴며, 오른발은 이에 쫓아 반보(半步)를 나아간다. 좌장(左掌)은 팔을 밖으로 돌려서 장심(掌心)이 위로 향하게 하며, 아래에서 위로 "밀어 올려서(托起)", 앙장(仰掌)이 되고, 팔꿈치는 조금 굽힌다. 눈은 좌장(左掌)을 바라본다. (그림 199)

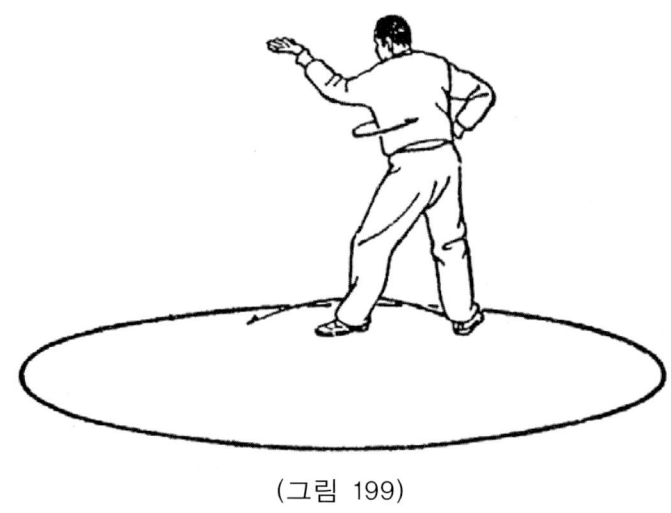

(그림 199)

요점

제2장의 제7동작인 이화접목(移花接木)과 같다.

13. 뒤통수로 투구를 벗기다 (右)
腦後摘盔 (右)

1. 오른발이 왼발 앞쪽 방향으로 향하여 보(步)를 나가고, 발끝을 안으로 "꺾어 다잡고(扣)", 거꾸로 된 八(팔)자 보(步)가 된다. 신체는 동시에 좌(左)로 돌린다. 우장(右掌)은 팔을 밖으로 돌려서 장심(掌心)이 위로 향하게 하며, 오른쪽 허리 옆으로부터 왼팔 아래를 지나서 좌(左)로 향하여 "꿰뚫어(穿)" 나간다. 좌장(左掌)의 위치는 변하지 않고, 양 팔은 상하로 교차한다. 눈은 우장(右掌)을 바라본다. (그림 200)

(그림 200)

2. 양 발은 움직이지 않고, 우장(右掌)은 왼팔 아래를 지나 우(右)로 향하며 위로 향해 비스듬히 벌여 놓으며 위로 쳐들어서, 장심(掌心)이 여전히 위로 향한다. 상체는 따라서 우(右)로 돌린다. 좌장(左掌)은 추세를 따라서 팔꿈치를 굽히며 오른팔 팔꿈치 안쪽 옆에 위치한다. 눈은 우장(右掌)을 바라본다. (그림 201)

3. 앞의 동작이 멈추지 않고, 우장(右掌)이 우(右) 위 방향으로부터 팔꿈치를 굽히며 뒤통수로 향하여 이동하여 돌리고, 뒤통수에 도달할

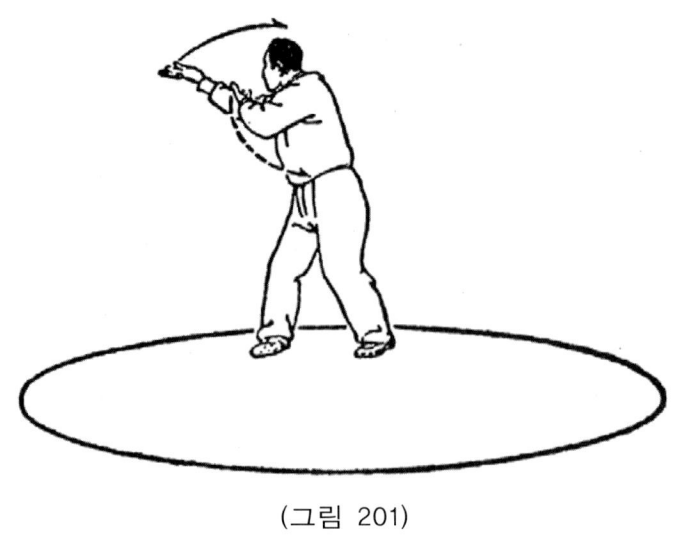

(그림 201)

때, 머리 정수리 위 방향으로 향하여 받쳐들어 올린다. 좌장(左掌)은 오른팔 팔꿈치 안쪽 옆으로부터 배 앞으로 내리고, 여전히 앙장(仰掌)이다. 양 눈은 수평으로 바라본다. (그림 202)

(그림 202)

요점

제2장의 제8동작인 뇌후적회(腦後摘盔)와 같다.

14. 가슴속에 달을 품다 (左)
懷中抱月 (左)

우장(右掌)이 몸 앞을 지나 아래로 내려서, 오른쪽 허리 앞에 위치하고, 엄지가 뒤로 향하며, 부장(俯掌)이 된다. 왼발은 좌(左)로 향하여 내밀어 나가고, 상체는 이에 따라서 좌(左)로 돌린다. 좌장(左掌)은 동시에 팔꿈치를 굽히며 좌(左)로 향하여 "버팅겨 밀쳐(掤)" 나가서, 엄지 외측이 위로 향하고, 장심(掌心)이 안으로 향하며, "허리를 안아 품는(抱腰)" 모양을 취한다. 눈은 좌장(左掌)을 바라본다. (그림 203)

(그림 203)

요점

제2장의 제9동작인 회중포월(懷中抱月)과 같다.

15. 잎 밑에 꽃을 감추다 (左)
葉底藏花 (左)

오른발이 왼발의 앞 방향으로 향하여 1보를 성큼 나아가고, 발끝을 안으로 "꺾어 돌린다(扣)". 양 다리는 조금 굽힌다. 상체는 좌(左)로 돌려서 북(北)쪽 방향으로 향한다. 좌장(左掌)은 동시에 팔을 안으로 돌려서 엄지의 외측이 아래로 향하게 하고, 팔꿈치를 굽혀 좌(左)로 향하여 평평하게 이끈다. 우장(右掌)은 이에 따라서 팔을 밖으로 돌려 장심(掌心)이 위로 향하게 하며, 왼쪽 겨드랑이 아래로 향하여 "꿰뚫어(穿)" 나간다. (그림 204)

(그림 204)

요점

제1장의 제3동작인 엽저장화(葉底藏花)와 같으나, 방향이 반대이다.

16. 천마가 허공에 달리다 (右)
天馬行空 (右)

1. 오른발이 앞으로 반보(半步)를 나아가고, 양 다리는 무릎을 굽히고, 상체는 뒤로 앉힌다. 우장(右掌)은 왼팔 팔꿈치 아래로부터 신체의 우(右) 위 방향으로 향하여 이동하여 돌리며 위로 쳐들고, 팔을 밖으로 돌려서 새끼손가락 외측이 얼굴로 향하게 한다. 좌장(左掌)은 동

시에 우(右)로 향하여 이동하고, 오른팔 팔꿈치 아랫방향에 멈추어서, 엄지 외측이 안으로 향하고, 장심(掌心)이 아래로 향한다. 눈은 우장(右掌)을 바라본다. (그림 205)

(그림 205)

2. 오른발 발끝을 밖으로 벌리고, 왼발이 보(步)를 나가고, 북(北)쪽으로부터 시작하여 동(東)으로 향하고 남(南)으로 향하고 서(西)로 향하고 북(北)으로 향해 동그라미를 따라서 한바퀴를 걷는다. 북(北)쪽 방향의 원래 기점에 도달하여 (그림 205)와 같을 때에, 다시 다음 권식으로 바꾸어 연결한다.

요점
제8장의 제1동작인 천마행공(天馬行空)과 같으나, 방향이 반대이다.

17. 말 위에서 활을 쏘다 (右)
馬上開弓 (右)

1. 오른발 발끝을 밖으로 벌리고, 왼발이 1보를 크게 내딛어 나가고,

양 다리는 무릎을 굽혀 반쯤 웅크려 앉아서 마보(馬步)가 된다. 우장(右掌)은 동시에 위로부터 좌(左)로 향하여 "밀쳐(推)" 나가고, 손가락이 위로 향하고, 장심(掌心)이 좌(左)로 향한다. 양 팔은 가슴 앞에서 상하로 교차한다. 눈은 우장(右掌)을 바라본다. (그림 206)

(그림 206)

2. 오른발이 우(右)로 향하여 반보(半步)를 이동하고, 왼발이 반보를 좇아 나아가서, 여전히 마보(馬步)가 된다. 좌장(左掌)은 동시에 신체의 좌(左) 방향으로 향하여 평평하게 "내밀어(伸)" "깎아질러(削)"

(그림 207)

나가서, 여전히 부장(俯掌)이 되고, 팔꿈치는 조금 굽힌다. 우장(右掌)은 곧 얼굴부위를 지나고, 머리 위 방향으로 향하여 팔꿈치를 굽혀 "받쳐 지탱하여(架)" 올리고, 장심(掌心)이 앞으로 향하며, 엄지 외측이 아래로 향한다. 눈은 좌장(左掌)을 바라본다. (그림 207)

요점
제8장의 제2동작인 마상개궁(馬上開弓)과 같으나, 방향이 반대이다.

18. 금빛 뱀이 능수버들을 휘감다 (右)
金蛇盤柳 (右)

왼발이 몸 뒤를 지나 우(右)로 향하여 남몰래 살짝 보(步)를 나간다. 양 다리가 교차하여 무릎을 굽혀 약간 웅크려 앉는다. 우장(右掌)은 동시에 머리 위 방향으로부터 좌(左) 아래 방향으로 향하여 팔을 곧게 펴며 내뻗어 나가서, 장심(掌心)이 좌(左)로 향하고, 손가락이 아래로 향한다. 좌장(左掌)은 이에 따라서 좌(左)로부터 우(右) 위 방향으로 향하여 팔꿈치를 굽혀 "쳐들어(挑)" 올려서, 오른쪽 귀 옆에 멈추고,

(그림 208)

장심(掌心)이 우(右)로 향하며, 손가락이 위로 향한다. 눈은 서남(西南)방향 아래로 내려다본다. (그림 208)

요점

제8장의 제3동작인 금사반류(金蛇盤柳)와 같으나, 방향이 반대이다.

19. 야생마가 구유로 뛰어들다 (右)
野馬闖槽 (右)

오른발이 우(右)로 향하여 보(步)를 이동하고, 상체는 뒤로 앉히고, 우장(右掌)은 동시에 서남(西南)방향으로 향하여 팔을 곧게 펴며 앞으로 "걷어 올리고(撩)", 엄지 외측이 위로 향한다. 좌장(左掌)은 동시에 오른쪽 귀 옆으로부터 아래로 내려서, 왼쪽 허리 옆에 위치하고, 엄지가 뒤에 있고, 나머지 네 손가락은 앞에 있으며, 부장(俯掌)이 된다. 눈은 우장(右掌)을 바라본다. (그림 209)

(그림 209)

요점

제8장의 제4동작인 야마틈조(野馬闖槽)와 같으나, 방향이 반대이다.

20. 금빛 뱀이 능수버들을 휘감다 (左)
金蛇盤柳 (左)

오른발 발끝을 밖으로 벌리고, 상체는 이에 따라서 우(右)로 돌려 서(西)쪽으로 향하고, 양 다리가 교차하며, 무릎을 굽혀 약간 웅크려 앉는다. 좌장(左掌)은 동시에 우(右) 아래 방향으로 향하여 팔을 곧게 펴며 내뻗어 나가서, 장심(掌心)이 우(右)로 향하고, 손가락이 아래로 향한다. 우장(右掌)은 이에 따라서 앞으로부터 좌(左) 위 방향으로 향하여 팔꿈치를 굽혀 "쳐들어(挑)" 올려서, 왼쪽 귀 옆에 멈추고, 장심(掌心)이 좌(左)로 향하며, 손가락이 위로 향한다. 눈은 서남(西南)방향 아래로 내려다본다. (그림 210)

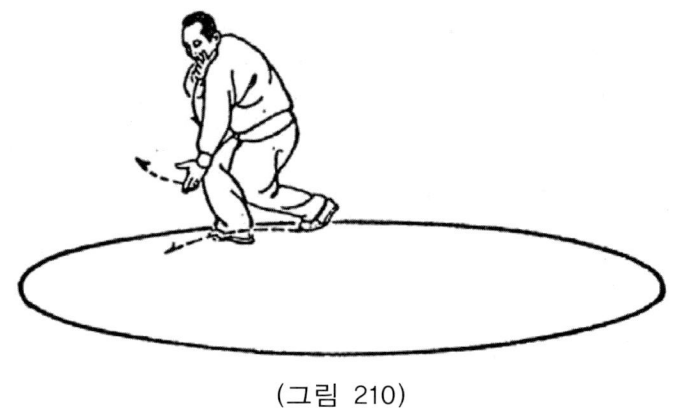

(그림 210)

요점
제8장의 제3동작인 금사반류(金蛇盤柳)와 같다.

21. 야생마가 구유로 뛰어들다 (左)
野馬闖槽 (左)

왼발이 서남(西南)방향으로 향하여 1보를 앞으로 나아가고, 상체는 뒤로 앉히고, 좌장(左掌)은 동시에 서남(西南)방향으로 향하여 팔을 곧게 펴며 앞으로 "걷어 올리고(撩)", 엄지 외측이 위로 향한다. 우장(右掌)은 동시에 왼쪽 귀 옆으로부터 아래로 내려서, 오른쪽 허리 옆에 위치하고, 엄지가 뒤에 있고, 나머지 네 손가락은 앞에 있으며, 부장(俯掌)이 된다. 눈은 좌장(左掌)을 바라본다. (그림 211)

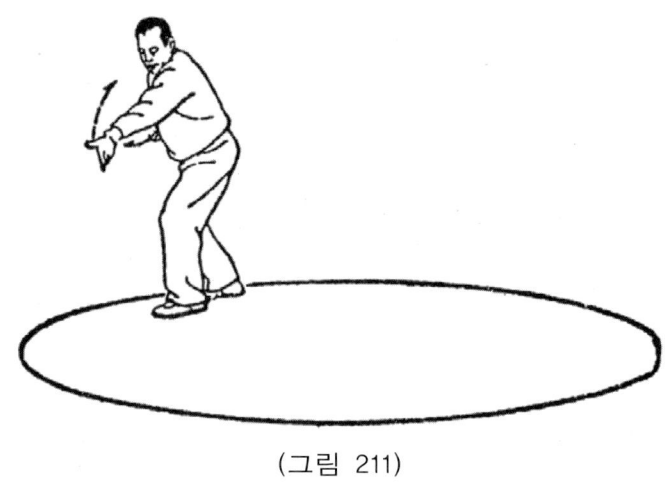

(그림 211)

요점
제8장의 제4동작인 야마틈조(野馬闖槽)와 같다.

22. 선동(仙童)이 두꺼비를 희롱하다 (右)
劉海戱蟾 (右)

1. 양 발은 원래 위치에서 변동이 없고, 우장(右掌)이 왼팔 아래로

향하여 내밀어 나가고, 여전히 부장(俯掌)이다. 좌장(左掌)은 팔을 안으로 돌려서 장심(掌心)이 아래로 향하게 하고, 몸 앞으로 향하다 몸 우(右)로 향해 팔꿈치를 굽혀 평평하게 "휘젓는다(擺)". 눈은 앞으로 향하여 평평하게 바라본다. (그림 212)

(그림 212)

2. 왼다리는 무릎을 굽혀서 몸 앞에 들어올리고, 발등은 "팽팽하게 잡아당겨 반반하게 한다(繃平)". 오른다리는 똑바로 서고, 무릎은 조

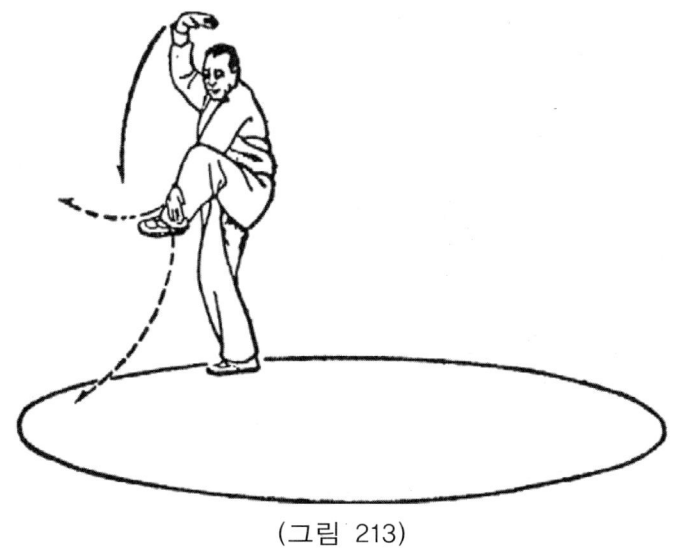

(그림 213)

215

금 굽힌다. 좌장(左掌)은 동시에 우(右)로 향하다 위로 향하고 좌(左)로 향하며 아래로 향해 팔을 곧게 펴며 휘돌아 가서, 왼다리 아랫다리 앞 방향에 멈추고, 장심(掌心)이 앞으로 향하고, 손가락이 아래로 향한다. 우장(右掌)은 동시에 아래로 향하다 우(右)로 향하고 위로 향해 팔을 곧게 펴며 휘돌아 가서, 위 방향에 도달할 때 팔꿈치를 굽히며 머리 위에 가로져 받쳐 지탱하고, 장심(掌心)이 위로 향하고, 손가락이 좌(左)로 향한다. 눈은 앞으로 향하여 평평하게 바라본다. (그림 213)

요점

제8장의 제7동작인 유해희섬(劉海戱蟾)과 같으나, 방향이 반대이다.

23. 구렁이가 몸을 뒤집다 (左)
大蟒反身 (左)

왼발이 앞으로 향해 보(步)를 내리며, 왼다리는 무릎을 굽히고, 오른다리는 곧게 뻗어서, 좌궁전보(左弓箭步)가 된다. 좌장(左掌)은 동시에 앞으로 향해 평평하게 내뻗어 "밀어 올려(托)" 나가고, 장심(掌

(그림 214)

心)이 앞으로 향하고, 손가락이 아래로 향한다. 우장(右掌)은 머리 위 방향으로부터 팔꿈치를 굽혀 왼팔 팔꿈치 위로 내리고, 장심(掌心)이 앞으로 향하고, 손가락이 좌(左)로 향한다. 신체는 조금 앞으로 향해 기울어지고, 눈은 좌장(左掌)을 바라본다. (그림 214)

요점
제8장의 제8동작인 대망반신(大蟒反身)과 같으나, 방향이 반대이다.

24. 검은 곰이 발바닥을 내밀다 (右)
黑熊探掌 (右)

왼발 발끝을 안으로 꺾어 돌리고, 상체는 우(右)로 돌려 동북(東北)쪽으로 향하고, 오른다리는 무릎을 굽혀 들어올리고, 발끝은 아래로 내려뜨린다. 왼다리는 곧게 뻗어 서고, 무릎은 조금 굽힌다. 좌장(左掌)은 동시에 팔을 안으로 돌리며, 팔을 뒤집어 몸 뒤에 쳐들고, 장심(掌心)을 뒤집어 위로 향한다. 우장(右掌)은 이에 따라서 팔꿈치를 굽

(그림 215)

혀 위로 쳐들고, 머리 위 방향에서 뒤로 향하다 우(右)로 향하며 앞으로 향해 팔꿈치를 굽혀 하나의 작은 권(圈)을 감돌아서, 몸 앞에 평평하게 쳐들고, 장심(掌心)이 위로 향하며, 손가락이 앞으로 향한다. 눈은 우장(右掌)을 바라본다. (그림 215)

요점

제8장의 제9동작인 흑웅탐장(黑熊探掌)과 같으나, 방향이 반대이다.

25. 사나운 범이 우리에서 나오다 (右)
猛虎出柙 (右)

오른발이 몸 뒤로 향하여 보(步)를 내리고, 상체는 이에 따라서 우(右)로부터 뒤로 향하여 돌려서, 서남(西南)쪽 방향으로 향하고, 왼발이 잇따라 앞으로 1보를 나아가서, 양 다리는 무릎을 굽히고, 상체는 뒤로 앉힌다. 양 장(掌)은 몸을 돌릴 때에 팔꿈치를 굽혀 아랫배 앞으로 거두어들이고, 장심(掌心)이 위로 향한다. 몸을 돌린 후에, 좌장(左掌)이 위로 향하여 팔꿈치를 굽히며 위로 쳐들어 나선장(螺旋掌)이 되

(그림 216)

고, 새끼손가락 외측이 얼굴로 향한다. 우장(右掌)은 동시에 몸 앞으로 향하여 "밀쳐(推)" 나가서, 수장(豎掌)이 된다. 눈은 우장(右掌)을 바라본다. (그림 216)

요점
제2장의 제5동작인 맹호출합(猛虎出柙)과 같으나, 방향이 반대이다.

26. 금빛 닭이 날갯죽지를 펴다 (右)
錦鷄撒膀 (右)

좌장(左掌)이 위로부터 가슴 앞을 지나 팔꿈치를 굽히며 아래로 내려서, 왼쪽 허리 옆에 대어 버티고, 엄지가 뒤에 있고, 나머지 네 손가락은 앞에 있다. 오른발은 동시에 동북(東北)방향으로 향하여 내밀어 나가고, 오른다리는 곧게 뻗는다. 왼발 발끝은 동시에 안으로 "꺾어 돌리고(扣)", 왼다리는 무릎을 굽혀 아래로 웅크려 앉는다. 우장(右掌)은 이에 따라서 오른다리와 같은 방향으로 가지런히 하며 팔을 뒤집어 내어 뻗고, 장심(掌心)은 뒤집어 위로 향한다. 머리는 우장(右掌)을 따라서 우(右)로 향하여 비틀어 돌리고, 상체는 앞으로 숙여 구부

(그림 217)

리며, 눈은 우장(右掌)을 바라본다. (그림 217)

요점

제2장의 제6동작인 금계살방(錦鷄撒膀)과 같으나, 방향이 반대이다.

27. 남몰래 꽃을 옮겨 나무에 붙이다 (右)
移花接木 (右)

오른발 발끝을 밖으로 벌리며, 상체는 곧바르게 일으키고, 왼다리는 곧게 펴며, 왼발은 이에 쫓아 반보(半步)를 나아간다. 우장(右掌)은 팔을 밖으로 돌려서 장심(掌心)이 위로 향하게 하며, 아래에서 위로 "밀어 올려서(托起)", 앙장(仰掌)이 되고, 팔꿈치는 조금 굽힌다. 눈은 우장(右掌)을 바라본다. (그림 218)

(그림 218)

요점

제2장의 제7동작인 이화접목(移花接木)과 같으나, 방향이 반대이다.

28. 뒤통수로 투구를 벗기다 (左)
腦後摘盔 (左)

1. 왼발이 오른발 앞쪽 방향으로 향하여 보(步)를 나가고, 발끝을 안으로 "꺾어 다잡고(扣)", 거꾸로 된 八(팔)자 보(步)가 된다. 신체는 동시에 우(右)로 돌린다. 좌장(左掌)은 팔을 밖으로 돌려서 장심(掌心)이 위로 향하게 하며, 왼쪽 허리 옆으로부터 오른팔 아래를 지나서 우(右)로 향하여 "꿰뚫어(穿)" 나간다. 우장(右掌)의 위치는 변하지 않고, 양 팔은 상하로 교차한다. 눈은 좌장(左掌)을 바라본다. (그림 219)

(그림 219)

2. 양 발은 움직이지 않고, 좌장(左掌)은 오른팔 아래를 지나 좌(左)로 향하며 위로 향해 비스듬히 벌여 놓으며 위로 쳐들어서, 장심(掌心)이 여전히 위로 향한다. 상체는 이에따라서 좌(左)로 돌린다. 우장(右掌)은 추세를 따라서 팔꿈치를 굽히며 왼팔 팔꿈치 안쪽 옆에 위치한다. 눈은 좌장(左掌)을 바라본다. (그림 220)

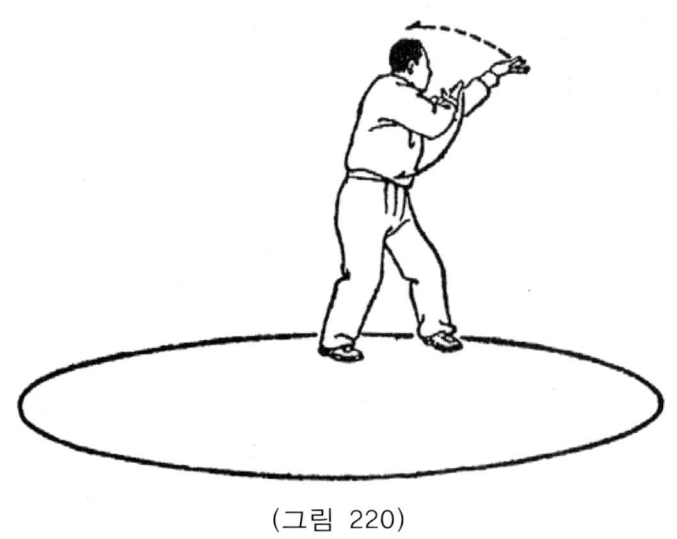

(그림 220)

3. 앞의 동작이 멈추지 않고, 좌장(左掌)이 좌(左) 위 방향으로부터 팔꿈치를 굽히며 뒤통수로 향하여 이동하여 돌려서, 뒤통수에 도달할 때, 머리 정수리 위 방향으로 향하여 받쳐들어 올린다. 우장(右掌)은 왼팔 팔꿈치 안쪽 옆으로부터 배 앞으로 내리고, 여전히 앙장(仰掌)이다. 양 눈은 수평으로 바라본다. (그림 221)

(그림 221)

요점

제2장의 제8동작인 뇌후적회(腦後摘盔)와 같으나, 방향이 반대이다.

29. 가슴속에 달을 품다 (右)
懷中抱月 (右)

좌장(左掌)이 몸 앞을 지나 아래로 내려서, 왼쪽 허리 옆에 위치하고, 엄지가 뒤로 향하며, 부장(俯掌)이 된다. 오른발은 우(右)로 향하여 내밀어 나가고, 상체는 이에 따라서 우(右)로 돌린다. 우장(右掌)은 동시에 팔꿈치를 굽히며 우(右)로 향하여 "버팅겨 밀쳐(掤)" 나가서, 엄지 외측이 위로 향하고, 장심(掌心)이 안으로 향하며, "허리를 안아 품는(抱腰)" 모양을 취한다. 눈은 우장(右掌)을 바라본다. (그림 222)

(그림 222)

요점

제2장의 제9동작인 회중포월(懷中抱月)과 같으나, 방향이 반대이다.

30. 수식(收式)

신체는 곧게 펴며 일으키고, 서(西)쪽 방향으로 향하고, 왼발이 오른발로 향하여 보(步)를 나란히 하여 접근하고, 양 장(掌)은 아래로 내려뜨려서 양 다리 옆에 닿아 붙여서, 차려 자세가 된다.3)

---

3) 역자註 : 머리를 앞으로 기울거나 뒤로 젖히지 않고 곧고 바르게 세우는 것이 보기에는 간단하지만, 사실상 경추(頸椎)와 뒷머리골이 잘 맞물지 않으면 주먹의 타격력도 제대로 발휘할 수 없고, 타격 시에 자칫하면 뒷골이 울려 통증이 생길 수 있다. 머리와 척추를 바르게 자리 잡는 자세는 매우 중요하며, 목을 곧고 바르게 펴고, 머리는 약간 뒤로 기대는 듯하며, 턱을 조금 거두어들이고, 혀끝은 윗잇몸에 받쳐 지탱하며, 정수리를 위로 올리고 회음부는 아래로 내려서, 척추는 마디마다 아래 위로 활짝 늘여 편다. "항문을 끌어올려(提肛)" 미려골에 힘을 들이며 미추(尾椎)를 단련하여 단전을 충실하게 하고, 차츰 척추 전체에 힘을 들여서 몸의 배면 등배에 기세를 갖추는데, 태극권에서는 이것을 "기를 척주 등배에 붙인다(氣貼脊背)"라고 한다. "항문을 끌어올리기(提肛)"만 하면 동시에 양 과(胯)를 수렴하며, 동시에 넓적다리도 수렴하여 움츠린다.

유쾌하고 홀가분한 마음가짐으로 수련을 하며, 먼저 근골(筋骨)을 풀어주는 준비운동을 하고, 처음부터 힘을 들여 맹렬하게 수련하지 말고, 느리고 가벼이 수련하다가 차츰 빠르고 무겁게 수련한다.

경(勁 : 힘)을 얻으려면 팔뿐만 아니라 목 허리 다리 등 온몸을 끊임없이 비틀어 돌리면서 오고 비틀어 돌리면서 가며 근골(筋骨)을 단련해 일체가 된 정경(整勁)을 이루어야 한다. 비틀어 돌림은 발꿈치로부터 비틀어 돌리기 시작하여서, 줄곧 비틀어 돌려 손가락 끝에 이르고, 온 몸의 경(勁)은 휘감아 도는 용수철과 같다. 비틀어 돌리는 장법(掌法)은 서투른 힘을 내경(內勁)으로 변화시키는 묘법이다.

온몸에 중후(重厚)한 경(勁)을 수련해내고, 다시 중후한 경(勁)으로부터 날렵하고 민첩한 생동감(生動感)을 수련해 내어야 한다. 공(功)을 들여 오래 수련하면, 팔에 침중(沈重)한 감각이 자연히 생겨나는데, 침중(沈重)한 중에 날래고 민첩함을 지녀 있고, 날래고 민첩한 중에 침중함을 지녀 있어서, 날래고 민첩하나 들뜨지 않고, 침중하나 뻣뻣이 경직되지 않는다.

수련을 오래 하면 외형상 온몸이 부드럽고 날렵하며 원활하나, 몸 안과 팔은 한 가닥의 침중(沈重)한 힘을 가지는데, 지극히 신속하게 변환하여 민첩하며, 마음대로 전환하여 한 점에 집중할 수 있다.

여러 초식을 모아 편성하여 만든 투로(套路)는, 여러 사람을 동시에 가르치거나 혹은 전수방법상의 편리함 때문에 만들어지기도 하나, 한편 투로는 권술을 가르치는 사람이 생계에 쫓겨 할 수 없이 편성했다고 볼 수도 있는데, 투로는 권술을 배우는 학생을 영원히 졸업하지 못하게 만드는 것이기도 하다. 예로부터 무술가들은 보기 좋은 수법이나 투로 숫자가 많음으로써 세상을 현혹하였고, 권술을 가르치는 대부분의 사람들이 으레 투로를 가르치기 때문에, 배우는 사람은 투로만 열심히 수련하면 무공을 얻으리라 착각한다. 권술의 참뜻은 당연히 기격(技擊)능력에 있는데, 투로에는 타법(打法)이 거의 없고 연법(練法)이나 연법(演法)만 있다. 타법(打法)은 타격방법 즉 싸우는 방법인데, 다른 사람이 보는 데서 타법(打法)을 수련하기는 곤란하다. 권술수련은 다른 사람이 보게 해서는 안 되며 또한 혼자 하는 것이 옛 법이라는 말은 그러할 이유가 있다. 여러 사람이 모여 함께 하는 투로(套路)수련만으로는 무공을 이루기 어렵다.

"손바닥(掌)"이나 손가락으로 공격하면 때로는 자신이 다칠 수가 있는데, 손바닥과 손가락의 공력을 수련하려면 항상 손가락 끝에 힘이 관통하도록 의념을 집중하여서, 시간이 오래되면 손가락 힘이 자연히 견실해진다. 팔괘장의 장(掌)을 사용하는 방식은 주로 촌경(寸勁)을 사용하는데, 촌(寸)은 극히 짧은 거리를 뜻하며, 촌경(寸勁)은 타격지점에 접근하여서 힘을 발출하는 것으로서, 상대방의 옷에 닿으면 발경(發勁)한다고 비유한다. 앞쪽 발이 힘을 주어 밟고, 뒤쪽 발이 박차 버티어서, 힘이 다리에 운행하고, 항문을 끌어올리며 둔부를 내리고, 힘이 허리에 운행하고, 가슴을 함축하며 등배를 둥글게 하여서, 힘이 어깨에 운행하고, 어깨를 내리며 팔꿈치를 내려뜨려서, 힘이 손에 도달한다. 단전의 힘을 발출하며, 빠르고 무겁고 돌연하고 짧게 온몸의 힘을 폭발시켜 내며, 타격 순간에 전신이 바짝 죄어 단단하게 정경(整勁)을 이룬다. 장(掌)이나 손가락을 사용하여 찌를 때, 손가락은 곧게 펴서는 안 되고, 약간 안으로 굽혀 다잡아서, 상대방에 닿자마자 거두면서 장근(掌根)으로 가격한다. 나아가며 공격할 때, 의념(意念)으로써 전신의 경력(勁力)을 손가락 끝과 장근(掌根)에 집중한다.

"팔괘장은 맷돌을 밀어 돌리는 것과 같으며, 앞으로 향하여 미는 외에 또 아래로 향하여 밀어나가는 연경(碾勁 : 도로포장공사에 사용하는 롤러처럼 눌러다지는 힘)이 있어야 하고, 팔괘장은 한번 발걸음을 내디디면 두 가지 경(勁)이 있어야 하며, 수시로 전환하여 변화하는데, 이 두 가지 경(勁)의 도리를 이해하면, 곧 팔괘장의 초식 동작이 무엇 때문에 변화가 무궁한지 이해할 수 있다." 흘러간 무림 p181

팔괘장을 수련하는 초기에, 수심(手心)과 각심(脚心 : 足心)을 "끌어당겨 빨아들이면서(吸)" 수련을 하는데, 하루에 300권(圈)을 돌아서, 두 달이 지나면 근력(筋力)이 생겨나 타격력이 아주 강해진다. 수심(手心)과 각심(脚心)이 근(筋)을 이끌어 움직이므로, 수심(手心)과 각심(脚心)에 근(筋)을 단련하는 비결이 있다. 어떤 권술을 수련하든 최후에는 결국 필요한 몇 가닥의 근(筋)을 수련해 이루어 내는가에 귀결되며, 근(筋)을 이루어 내지 못하면 공부가 이루어지지 않는다.

"사람의 발은 귀중한데, 다른 동물들이 별로 갖지 못한 뼈가 있으니, 바로 족궁(足弓)이다. 원숭이과 동물은 족궁(足弓)이 없어서, 직립(直立)하여 걸을 수 없고, 직립(直立)하여 힘을 발출할 수도 없다. 사람이 족궁(足弓)을 진화하여 냄으로써 비로소 무술이 생겨났다. 족궁(足弓)은 인체의 정수(精髓)인데, 무술을 수련할 때 잘 보양해야 하며, 참장(站椿)수련 시에 열 발가락이 땅을 움켜잡고 족심(足心)을 안으로 함축하면, 바로 족궁(足弓)을 보양하고 있는 것이다. 참장(站椿)은 때로는 발꿈치를 사용하여 서고, 때로는 발바닥 앞부분을 사용하여 서는데, 바로 족궁(足弓)을 훈련하고 있는 것이다. 참장(站椿)수련은 발바닥 전체에 평균적으로 힘을 들이기를 기피하는데, 족궁(足弓)을 억눌러 상할 가능성이 있기 때문이다. 평족(平足)인 사람은 힘을 발출하기에 불리하다. 족궁(足弓)이라 불리우니, 이 뼈가 활처럼 쏘아내는 힘을 가졌음을 설명한다." 逝去的武林 高術莫用篇 p143

수련자의 몸 어느 부위가 불편하거나 통증이 생겨나는 신체부적응현상은 정상이고, 더욱이 당연히 따르는 대가이다. 자신의 약한 부위를 강화시키는 과정이며, 만경(蠻勁 : 拙力 서투른 힘)을 내경(內勁)으로 바꾸어 이루어내는 단계이므로 두려워하지 말고 계속 수련하여 이겨내어야 강해진다.

만약 몸이 불편하거나 마음이 언짢으면, 권(圈)을 돌아 걷는다. 이 간단한 동작이 의외로 사람을 돌보아 조섭(調攝)하여서, 몇 바퀴를 돌고나면 곧 기분이 풀리고 몸도 편해진다.

먼저 보자(步子)를 배운 후 수법(手法)을 배우면, 신법(身法)은 저절로 그 중에 있다. 팔괘장의 관건은 보법(步法)과 신법(身法)에 있고, 특히 민첩해야 한다.

무공을 이루는 비결은 부지런히 수련하며 생각을 많이 하는 것일 뿐이며, 많이 생각하면 지혜가 생겨나온다. "익숙해지면 교묘한 기능이 생겨나고, 많이 수련하면 지혜가 생겨난다(熟能生巧, 多練出智慧)"

매 하나의 동작 모두 의념(意念)의 인도 하에 경(勁)을 찾아내면서 수련하고, 의념으로써 기세(氣勢)를 이끌어서 몸이 따른다. 의념을 가지기만 하면 곧 단전이 북돋워짐을 느끼고, 내기(內氣)가 충만하여 힘이 관통한다.

권술수련에서 힘을 얻지 못하거나 순조롭지 못한 것은 주로 허리와 다리에서 공부(功夫)를 얻지 못했기 때문인데, 팔괘장수련은 허리와 다리를 단련시키는 데에 탁월한 효과가 있다.

속담에 말하기를, "사람이 늙으면 먼저 다리부터 늙는다"라고 하는데, 노년기에는 하체근육이 중요함을 말하며, 허벅지근육의 발달이 건강에 미치는 여러 작용은 널리 알려져 있다. 팔괘장의 권(圈)을 돌아 걷는 수련은 다리를 튼튼히 하고, 특히 양 넓적다리가 가위처럼 맞물어 다잡는 전자고(剪子股)는 허벅지 근육을 잘 발달시킨다.

무술수련은 평소에는 사용하지 않는 근육군을 일깨워 개발하며, 이전의 거동습관을 바꾸어 변화시켜서 다른 동력의 습관을 양성하는 것이다. 세밀한 사항을 주의하여 탐구해야 하며, 작은 동작에도 특히 주의해야 한다. 공부가 진보할 수 있고 없고는 왕왕 이러한 작은 부분을 제대로 수련해내는가에 달려있고, 공부는 이 안에서 나온다. 내가권술은 비교적 느리게 수련하는데, 경력(勁力)이 생겨나는 근원과 그 과정을 세밀하게 체득하기 위해서이고, 물론 사용 시에는 번개처럼 빨라야 한다.

공부는 자세와 자세 사이의 동작 중에 수련해 내는 것이고, 정지된 자세는 결과일 뿐이므로, 그 동작과정을 검토해야만 진보가 있다.

무술수련은 오로지 반복하고 또 반복해 연습하여 습관을 양성하는 것인데, 반복하여 연습한다는 것은, 낡은 것을 버리고 새롭게 시작하여 끊임없이 올바른 방향으로 나아가는 과정이다. 그러므로 반복하여 수련하는 것은 판에 박은 듯이 미련하게 수련하는 것이 아니고, 반복하여 수련하는 중에 머리를 써 세심하게 연구하여 부단히 그 이치를 깨닫고, 변화를 깨닫고, 융통성 있게 변혁하려는 생각을 가지고 새로이 깨달아야 한다. 무술속담에 "미련하게 한 평생을 수련한 것이 명확히 이해하여 잠시 수련함만 못하다(呆練一世, 不如明白一時)"라고 하며, 무술을 수련하는 사람은 융통성이 있으며 원활하게 변혁(變革)하려고 생각하는 능력이 있어야 한다.

수련해내어 몸에 갖추어야 하는 수많은 사항을 단번에 해낼 수는 없고, 하나하나씩 해나가는데, 이것에 열중하다보면 저것을 놓치게 되므로, 수련 중에 항상 온몸을 스스로 점검하는 습관을 양성한다. 만약 수련하면서 새로운 감각이 없고 매일 그대로이면 공부는 헛되이 수련하는 것이다. 권술수련은 매일 새로워야 하고, 매일매일 새로운 자체가 바로 즐거움이다.

권술수련을 향상시키려면 반드시 사상(思想)의 층차(層次)를 높여야 한다. 권술을 수련하는 것은 바로 사상이나 사유(思惟)방식에 대한 훈련이다. 가장 높은 단계는 여기에 있고, 기예(技藝) 상에 있지 않다. 자신의 사상(思想)이나 감정(感情)을 권법과 결합하지 않으면 단지 형(形)만 있고 신(神)이 없는 동작이 되어버린다.

내가(內家)권술을 수련하는 많은 사람들이 단지 외형만 비슷하게 추구하고 내부는 비었다. 내가권술을 가르치는 대부분의 사람들은 권술을 처음 배우는 사람에게 먼저 느슨히 이완하기를 강요하는데, 특히 태극권수련에 이러한 경우가 많아서, 느슨히 이완한다는 것이 곧 연약하게 풀어져버리니, 공부를 수련해내지 못하게 되어서, 배우는 사람을 바보로 만들어버린다. 이완은 단지 풀어놓아 흐물흐물하게 내버려두는 것이 아니고, 적극적으로 가다듬어 "질기면서 부드러운(韌)" 것이며, 수련을 통하여 획득하는 것이고, 힘을 막힘없이 순조롭게 전달하여 오는 내부의 반응이지, 결코 단지 형체에만 드러내는 것이 아니다. 내가권술의 송(鬆: 느슨함)은 긴(緊: 단단함)으로부터 단련해내는 것이며, 기능적인 반응으로서의 송(鬆)이고, 동작이 변형되며 힘을 사용하는 과정 중에 막힘없이 순조로운 운행을 유지할 수 있는 것이다. 부드러움은 수련해낸 결과이고, 온몸 전체가 완정하게 협조된 결과인데, 모방하는 사람들은 단지 그 외형만 비슷하고 그 내실이 없어서, 그 형(形)만 있고 그 공(功: 공력)은 없으니, 권총은 가졌으나 총알이 없다.

권술의 위력은 공력(功力)으로부터 나오고, 가장 중요한 것은 공력이다. 공력을 갖추려면 어떤 기본공을 선택하여 끊임없이 수련해야 한다. 예컨대 형의권은 참장(站椿: 渾圓椿)과 계보(鷄步)를 기본공으로 삼아서 꾸준히 수련한다. 팔괘장은 권(圈: 동그라미)을 돌아 걸어서 수련하며, "보는 진창을 걷는 것과 같고, 손은 밧줄을 꼬는 것과 같이 비틀고, 도는 것은 맷돌을 돌리는 것과 같다(步如趟泥, 手如擰繩, 轉如磨磨)". 권심(圈心)을 향한 안쪽 발은 곧게 내딛고, 바깥쪽 발은 조금 안으로 꺾어 돌려서 내딛으며, 양 장(掌)은 권심(圈心)을 향하고, 허리를 비틀어서 권(圈)을 돌아가면, 곧 팔괘장 특유의 경력(勁力)을 수련해낼 수 있는데, 이것이 바로 횡경(橫勁)이고, 횡력(橫力)이 있으면 언제나 모두 주동적이 될 수 있다. 권(圈)을 돌아 걷는 수련을 오래 하면, 온몸의 관절을 단련하여 강건하며 민감하게 하며, 특히 다리와 허리가 현저하게 강해지고, 보법이 민첩해진다. 이 수련은 반드시 의(意: 意念)를 사용하고 역(力)을 사용하지 않도록 강조하는데, 의(意)를 사용해야만 내경(內勁)을 증강할 수 있고, 운용하면 하고 싶은 대로 할 수 있다.

권(圈)을 돌아 걷는 것은 상대방과 정면으로 충돌하지 않기 위함이며, 상대방의 주력을 피하고 약한 곳을 공격하며, 상대방의 측면이나 배후에서 공격하며, 비스듬함으로써 상대방의 정면을 취하여서, 불의에 상대방의 중심(重心)을 파괴하여 기회를 찾는다. 팔괘장에 입문하면 평생토록 권(圈)을 돌아걷기를 멈추지 않는다.

근래의 신문보도에 의하면, 역도와 체조동작을 활용한 크로스핏(Crossfit) 운동법이 각광받고 있는데, 이 운동법은 근력운동과 유산소운동을 섞어 전신의 운동능력을 고루 발달시키며, 최단시간에 최대의 운동효과를 낼 수 있어서, 종합격투기 선수들의 훈련법으로 활용되어 극히 좋은 효과를 낸다고 한다. 전통무술에 이 크로스핏 운동과 꼭 같은 훈련법이 있고, 예전에는 공력훈련으로 애용되었다. 무술수련은 먼저 근육의 운동습관을 바꾸어야 하는데, 권술수련만으로는 바꾸기 어려워서, 각종 병기(兵器)를 수련하거나 혹은 주둥이가 작아 한 손으로 잡을 수 있는 물항아리나 석단(石担) 석쇄(石鎖)등의 보조기구를 사용하여 경력(勁力)을 바꾸었다. 병기(兵器)수련 중에 대창(大槍)수련이 가장 효과적인데, 특히 대창(大槍)의 란나찰(攔拿扎)수련은 공력증진에 탁월하여서, 발경(發勁)을 수련할 수 있다. 한 종류의 병기(兵器)를 수련하고나면 이어서 이 병기와 상반되는 병기를 수련해야 하는데, 예를 들어 무거운 병기를 수련하였으면 곧 가벼운 병기를 수련한다. 석단(石担)은 돌로 만든 역기이고, 석쇄(石鎖)는 구식의 자물쇠 비슷한 모양의 돌로 만든 운동기구인데, 석쇄(石鎖)는 손잡이가 달려서 현재의 크로스핏 훈련에 사용하는 기구(케틀벨)와 꼭 같다. 석쇄(石鎖)는 다양한 방식으로 훈련하며, 두 사람이 서로 던져 주고 받는 방식으로도 훈련한다.

팔괘장수련법 중의 전통적인 공력수련방법은 현재 대부분이 실전되었다고 하는데, 수련자체가 아주 힘들다고 전한다. 전통적인 공력수련방법의 예를 들면, 5kg가량에서부터 15kg가량에 이르는 구리로 만든 공을 양 손에 각기 잡고서 전장(轉掌)하면, 팔 힘이나 어깨와 등배 힘을 증강하는 데에 탁월한 효과가 있고, 더욱이 장(掌)과 손가락의 공력을 개발하는 데에 독특한 효과가 있으며, 공(功)을 이루면 손바닥이 마치 흡반(吸盤)과 같아서 독특한 기격(技擊)능력을 갖추게 된다고 전한다. 청계천 등지의 베아링 가게에서 쇠공(steel ball)을 파는데, 대략 4kg 3kg 2kg 등의 쇠공이 손에 잡고서 수련하기 알맞다.

장(掌)과 손가락 그리고 재빠름을 단련하기 위해 주먹을 움켜쥐고 펴는 수련을 하는데, 손바닥을 활짝 펴고 다시 주먹을 움켜잡는 동작을 반복하여서 5분가량을 계속해야 하며, 또한 주먹을 움켜잡았다 펴는 횟수는 1분에 500회가 되어야 한다고 전한다.

역자후기

형의권 태극권 팔괘장의 주요한 몇 가지 초식들은 그 수련하는 내용이나 방법이 꼭 같고, 그 초식의 원형은 형의권이다. 아마 형의권이 먼저 출현하였고, 후에 태극권과 팔괘장이 출현하였을 것이다. 무술사가(武術史家)인 서진(徐震 : 1898~1967 · 字는 哲東)이 1928년 무렵에 출판한 《국기논략(國技論略)》에서 말하기를, 내가(內家)권술을 배우려면 먼저 형의권을 배우고, 다음에 태극권을 배우고, 그 다음에 팔괘장을 배운다고 하며, 만약 태극권을 수련하면서 항상 퇴수(推手)를 수련할 수 있으면, 팔괘장을 배우지 않아도 괜찮다고 하였는데, 팔괘장은 적에 대응하는 방면에 극히 유용하기 때문이며, 퇴수(推手)에 익숙하면 적에 대응하는 방법이 자연히 자유자재로 변화할 수 있고, 팔괘장이 의도하는 바도 그 중에 있다고 하였다. 이것이 서진(徐震)의 개인적인 견해인지 혹은 당시 권술수련자들의 일반적인 견해인지는 모르겠으나, 수긍이 가는 말이다.

권술마다 풍격(風格)과 기격(技擊)적인 특징이 있어서, 각기 주중하여 수련하는 동작이나 자세가 있고, 어느 한 종류의 권술은 그 권술만의 장점이 있으나, 또한 부족한 점이 있기 마련이다. 그러므로 견문을 넓혀 여러 가지 장점을 널리 받아들여야 통달할 수 있다. 예컨대 같은 내용을 수련하는 초식일지라도, 태극권의 그 초식은 이해할 수없고 수련해내기 어려우나, 형의권이나 팔괘장의 그 초식은 명백하고 수련해내기가 비교적 쉬운 경우가 있다.

팔괘장은 보법(步法)의 공부가 가장 탁월한 권술이고, 또한 횡경(橫勁)을 위주로 수련하는 권술이다. 권술은 손보다는 다리로 해야 하며, 다리에 공부가 있어야 하고, 횡력(橫力)은 새로운 경지의 힘이며, 일반인들은 갖지 못한 힘이다. 물론 형의권의 보법(步法)도 다양하게 발달하여 훌륭하고, 태극권과 형의권도 횡력(橫力)을 수련하나, 그 수련 효율은 팔괘장이 단연 우수하고, 수련방법은 팔괘장이 가장 진화되었다. 무술속담에 "권술수련은 소 한 마리가 엎드리는 곳이면 한다(拳打臥牛之地)"라고 하며, 원래 의미는 온갖 장애를 극복하여 수련하라는 뜻이겠으나, 말 그대로 좁은 장소에서 동작과 의념(意念)이 조금도 방해받지 않고 연결되게 수련할 수 있는 권술은 사실상 팔괘장뿐이다. 그 권(圈)을 돌아 걷는 수련방법은 지혜롭기 그지없다.

이 강용초(姜容樵)의 《팔괘장》은 팔괘장 서적 중에 가장 많이 팔렸고, 팔괘장의 보급에 지대한 작용을 하였다. 강용초(姜容樵: 1891~1974)의 스승인 장점괴(張占魁 : 1858~1938)는 별명이 섬전수(閃電手 : 번개손)였는데, 어려서는 화권(花拳)을 배웠고, 후에 유기란(劉奇蘭)의 문하에서 형의권을 배웠고, 무공을 이룬 후 다시 동해천(董海川)에게 팔괘장을 배웠고, 그 팔괘장의 기예는 주로 정정화(程廷華 : 1848~1900)가 전수하였다. 후에 그의 팔괘장은 형의팔괘장(形意八卦掌)으로 분류되었다.

강용초(姜容樵)는 자신의 이름으로 무려 28권의 무술서적을 출판하였는데, 혹자는 그가 제멋대로 여러 가지 투로를 편성하였다고 비난하나, 적어도 이 《팔괘장》은 허투루 만든 권술이 아니다. 수련해보면 곧바로 팔과 다리 그리고 허리에 공력이 잘 양성됨을 명백히 느낄 수 있고, 온몸을 합리적으로 훈련시키도록 짜임새 있게 편성되었음을 알 수 있다. 이 《팔괘장》의 8장(掌)은 수련하기 쉽고 간단하나 오히려 진실로 공부가 생겨나게 한다. 특히 권(圈)을 돌아 걷기를 꾸준히 하면 근골(筋骨)이 수련되어 트이는데, 곧 일종의 영기(靈氣)를 수련해 낼 수 있어서, 입신(入神)의 경지에 도달한다고 전한다.

2014년 1월 김태덕 올림

팔괘장

2014년 3월 15일 인쇄
2014년 3월 20일 발행

    저자 **강용초**
    번역 **김태덕**

발행처 | **두무곡 출판사**

주소 | 서울시 종로구 청운동 53-5
전화 | 02-723-3327
FAX | 02-723-6220
등록번호 | 제 1-3158호

인쇄처 | **이화문화출판사**

주소 | 서울시 종로구 사직로10길 17(내자동 인왕빌딩)
전화 | (02)738-9880~1
홈페이지 | www.makebook.net
값 13,000원

ISBN 978-89-956935-9-9

잘못 만들어진 책은 바꾸어 드립니다.
본 책의 그림 및 내용을 무단으로 복사 또는
복제할 경우에는 저작권법의 제재를 받습니다.